老臺灣新人類

他們的故事　我們的生活

王派仁 著

五南圖書出版公司 印行

學校沒教的歷史課

一個悶熱、無聊的下午，隨手翻閱架上的書籍，無意間發現賴和的一篇文章——〈無聊的回憶〉。他樸實的筆調、細膩的觀察，從自身對兒時上學的回憶，看到在六十幾年後臺灣才在討論的教育現場問題。當時筆者已年近三十，竟是第一次知道賴和這個人，驚訝於自己對於臺灣了解的窄淺，也哀矜過去所接受教育的偏頗。

我們從小到大，讀過不少歷史，當然主要還是來自於教科書。所以有一段時間，有人質疑我們背過許多中國古人，像是漢武帝、唐玄宗、清世祖，但是卻對蔣渭水、林獻堂還是感到陌生；我們知道蘇東坡、李白這些大文豪，卻對於賴和、楊逵等臺灣本土作家不甚熟悉。

過去一、二十年的臺灣意識受到應有的重視，我們對於那些對於臺灣歷史定位、意識形態……等，具有重要影響的人物，慢慢有了更清楚的圖像。但是我們在學校所讀到的，多數還是對臺灣確有重要影響的大人物，但總覺得他們有遙遠的距離感。

反倒是我們每天使用方便的自來水，每餐都會吃上一碗白米飯，或是夏天午後都會去買一杯泡沫紅茶……，這些與我們日常生活有著密切關係的事物，背後有著什麼樣的故事，有哪位歷史人物，曾對此做出鉅大的貢獻。除了好奇之外，當然也感念因為他們的付出，才造就了我們今日的便利與享受。

所以在這本書中，筆者想要和大家分享庶民生活的歷史故事，以人和事物的組合，帶領讀者去一探究竟。例如被稱為「臺灣紅茶之父」的新井耕吉郎先生；磯永吉先生對蓬萊米的育種與改良；巴爾頓和濱野彌四郎為臺灣自來水奠定良好的基礎……等。

還有不少留存到現在的建築，當時的建築設計者都是一代大師，他們對臺灣建築的基礎與發展都有重大影響，像是陳應彬對廟宇的傳承與創新；總統府、臺北賓館的催生者——森山松之助……。

當然除了一些物質文明的研究改進或發明創造，也有許多人為當時邁入現代化的臺灣與臺灣人，引進了許多新觀念、新思想、新藝術、新文學……，更難得的是能夠身體力行，以實際的行動帶領臺灣人，在精神及思想層面也走進新的時代。

臺灣第一位飛行員謝文達在東京上空為文化協會撒傳單的壯舉；第一位參加奧運的臺灣人張星賢，帶動了臺灣的運動風氣；賴和則帶動了所謂臺灣的新文學運動；李林秋所創作的《望春風》，至今仍被傳唱。

此外，有不少人對臺灣開啓了研究的先河，讓我們對這塊生活的土地，有了更完整而清楚的了解——明朝陳第首次的原住民史料紀錄；英國史溫侯的臺灣博物調查；池田敏雄發行的《民俗臺灣》，保留與宣揚臺灣的文化與習俗。

最後還要呈現三位新時代女性的故事，在過去那樣父權導向、男性中心的社會，她們能夠突破傳統女性角色的束縛，宛如破繭而出的蝴蝶，飛舞新女性堅毅而多彩的圖像。

行筆至此，賴和〈無聊的回憶〉中有一段發人省思的話——「啊！時代的進步和人們的幸福原來是兩件事，不能放在一處併論的喲。」讓筆者那個多年前的下午不再悶熱，也不再無聊。

筆者希望這本書也能讓讀者的午後不再悶熱，閱讀歷史不再無聊。

基督教芥菜種會
北門嶼免費診所紀念館

庶民新生活

農業新技術

破繭新女性

臺灣新發現

陳第與發現臺灣

「居常，禁不許私捕鹿；冬，鹿群出，則約百十人即之，窮追既及，合圍衷之，鏢發命中。」這段文字來自於陳第所寫的《東番記》，描述平埔族人在狩獵鹿群時共同遵守的規範，《東番記》是中國史料中，最早關於臺灣與平埔族的考察紀錄。

▲《東番記》裡描寫不少西拉雅人捕鹿的細節，後來荷蘭人占領臺灣後，原本滿山遍野的鹿隻幾乎被捕捉殆盡。

陳第的出生地是福建連江的西郊，從小跟隨兄長在家念書，到了年紀較長，便外出讀書，並在私塾擔任類似助教的工作。儘管如此，生於倭寇在家鄉及東南沿海搶奪擄掠的時代，陳第始終有著滿腔的正義熱血。終於在三十三歲這年，他追隨當時的抗倭明將俞大猷對外征戰，讓他年少時心底投筆從戎的種子，得以正式埋到沙場的泥土裡。

曾經有學者對陳第有這樣的讚譽：「名將而兼碩儒，且為明代的大旅行家」，而「一日難捨書，半旬難捨酒。數月不遊山，撫鏡形哀醜……」，則是陳第的自敘。身為一位傳統的文人，他除了喜好閱讀外，也有著很不一樣的興趣和胸襟。

在華人傳統觀念中，超過六十歲早已是該退隱的老人，但是陳第卻在六十二歲這年，登上戰艦越過凶險的臺灣海峽，第一次來到臺灣。那一年是明朝萬曆三十年（西元一六〇二年），陳第追隨將領沈有容來到臺灣平定倭寇之亂。

明軍於大員（臺南）附近登陸，擊垮海盜。當地的原住民頭目大彌勒，率領族人數十位，獻鹿餽酒，以感謝明軍為民除害。或許是陳第不像一般傳統文人矜持，在強烈好奇心的驅使下，因此有機會接觸到臺南附近的西拉雅族，親身體驗了臺灣的原住民風土民情，並寫成《東番記》。

東番有兩種意義，其一是所謂的「東番夷人」，另一意義則是陳第滯臺期間所停留的地方，明代之際是指稱臺灣的西南靠海地區，大約是現今嘉義以南到屏東以北。也因此，綜合兩者推論，陳第《東番記》筆下的主角就是西拉雅人。

▲ 陳第來臺灣的時間，比荷蘭人還早了二十二年，上圖是荷蘭人登陸臺灣示意圖。
（筆者攝於蕭壟文化園區的西拉雅文化展示館）

犂、牛類的牲口。此外，田園、宅院中
等蔬果。
番俗圖：捕鹿
陳夢林，康熙56(1717)年，《諸羅縣志》

▲「山最宜鹿，儦儦俟俟，千百成群」也印證了日後荷蘭人對於臺灣的覬覦，就是因為「千百成群」的鹿隻。
（筆者攝於蕭壟文化園區的西拉雅文化展示館）

DO NOT
ENTER
禁止入內

▲ 陳第《東番記》筆下的主角就是西拉雅人，上圖是西拉雅人的公廨。
（筆者攝於蕭壟文化園區的西拉雅文化展示館）

《東番記》針對西拉雅人的居住、飲食、打獵、收穫、婚嫁等習俗與文化等，都有具體記載。就像本文一開始提及他觀察到當時臺灣遍地野生鹿群，與西拉雅人捕鹿的紀錄。

另外，他指出了西拉雅人以女為尊的「母系社會」——待產子女，婦始往婿家迎婿，如親迎，婿始見女父母，遂家其家，養女父母終身。這樣的社會規範與漢人的父系社會非常不一樣，所以也特別引起陳第的注意。

▲ 西拉雅人的服飾。　（筆者攝於蕭壠文化園區的西拉雅文化展示館）

儘管《東番記》不到一千五百字，也有學者認為，陳第在臺灣停留的時間不長，因此書中所描寫的內容，除了是親眼看到的，也有部分是聽聞他人轉述而來。但無論如何的確是最早的臺灣實地考察紀錄，更成為日後關於臺灣研究最早期也最可靠的文獻。

史溫侯與臺灣博物的發現

在臺灣的郊外走動，有時候我們會被樹幹上忽然竄動的蜥蜴嚇到。這種體型不算小，頭頸部有微棘刺，體側則是一段黃色菱紋，還有著長長尾巴的蜥蜴，學名是斯文豪氏攀蜥。史溫侯（又翻譯成「斯文豪」）正是「發現」牠的人——也是一位在一百五十多年前來到臺灣的英國外交人員。

▲ 斯文豪氏攀蜥不過是史溫侯發現與記載眾多臺灣生物中的一種。

不知道有沒有人和筆者一樣，面對一些新的事物，總是會好奇的想著：為什麼這樣命名？其由來是什麼？當我們探究其背後原因後，常常會有一種恍然大悟的驚訝。

十九世紀中、後半期，臺灣正值對外正式開放通商的年代，當時與歐洲貿易往來頻繁，商人、外交官、傳教士陸續來臺，其中非常特別的一位就是史溫侯。他在臺灣正式開港前就已來過，他不僅是英國派駐臺灣的領事人員，更是一位博物學家。

▲ 首位駐臺的正式外交官史溫侯（郇和即斯文豪、史溫侯）。（筆者翻攝）

史溫侯出生於印度加爾各答市，首度搭乘中國商船抵達臺灣是在西元一八五六年三月，當時他才十九歲，也是他展開臺灣博物研究的開端。四年後，他出任英國駐臺灣的副領事。之後陸續在臺南、淡水、高雄設立領事館，並藉地利之便，進行臺灣物種調查與命名。

根據文獻記載，他在臺灣採集與發表的物種很多，其中又以鳥類的研究成果最為卓著。他前後共記錄了臺灣二二七種鳥類（截至二〇一六為止，臺灣有記錄的鳥類約四六〇種）。他曾在西元一八六三年時，於英國著名的鳥類學期刊發表一篇文章〈福爾摩沙鳥類學〉，從此確立他成為臺灣鳥類研究開山始祖的地位。

▲ 臺灣藍鵲最早也是由史溫侯所記錄與發現。　（廖健雄攝）

除了鳥類，他還記錄與發表近四十種哺乳動物、二四六種植物、二百多種陸生蝸牛與淡水貝類、四百多種昆蟲，以及一些兩棲爬蟲類、魚類、無脊椎動物等，其對臺灣物種的研究成果可謂空前絕後。另外像是臺灣的地理學、民族學，也都有深刻的實地調查與著作發表。

中文名為郇和的史溫侯通曉中文，多才多藝。更因為求知欲望強烈，願意深入當時仍屬蠻荒的臺灣各地探險與進行採集研究。然而，令人敬佩的則是他的治學態度。

秉持著西方科學哲學的求真態度，他對臺灣的諸多現象與物種進行深入觀察、紀錄、調查、比對。他開始研究臺灣之際，曾將一七六〇年余文儀續修之《臺灣府志》中的鳥獸部分譯成英文，卻對書中的記載大感失望。他指出書中內容不但乏善可陳，甚至對許多鳥獸的記載很可能是人云亦云的傳聞，未做任何實地觀察。

史溫侯前後來臺不過四年多的時間，但是對於臺灣卻投入了鮮少有人能及的精力進行調查，在多年前那個時空或許還沒有「愛臺灣」的口號被喊得震天價響，但史溫侯卻是用「Just do it」的精神與最實際的行動來關注這片土地。

所以下次若在郊外又看到斯文豪氏攀蜥，記得多看幾眼，牠會展示忽上忽下如伏地挺身的動作，或許就是在向史溫侯致敬。

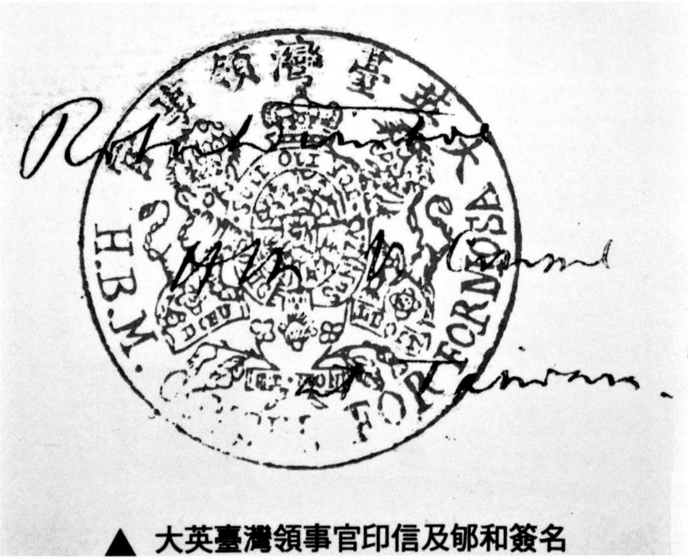

▲ 大英臺灣領事官印信與史溫侯的簽名。（筆者翻攝）

走訪史溫侯

史溫侯在西元一八六二年成為首位駐臺外交人員，當時他擔任英國駐臺的副領事。隔年他在當時的臺灣府（臺南）設置英國領事館，後來將領事館遷往淡水，並且向清廷租借紅毛城做為領事館。

池田敏雄與民俗臺灣

不知道你會不會思考一個問題，臺灣之所以成爲臺灣，是因爲它有什麼獨特性，而且必須是經過長時間孕育而成的特色。而如果當你知道將近百年前，一位日本人就已爲臺灣幾百年來獨有的文化保存與推廣而努力，你會不會感到欽佩與動容……。

▲ 土地公拐是臺灣鄉下常見的習俗。

一般來說，殖民者對於殖民地的文化總是堅持「同化與取代」的高傲。而《民俗臺灣》創立的背景，則是日本人軍國主義擴張與皇民化運動正推行之際，池田敏雄等人卻選擇在這樣艱難的道路上，毫不遲疑的邁開臺灣文化理解與保護的步伐。

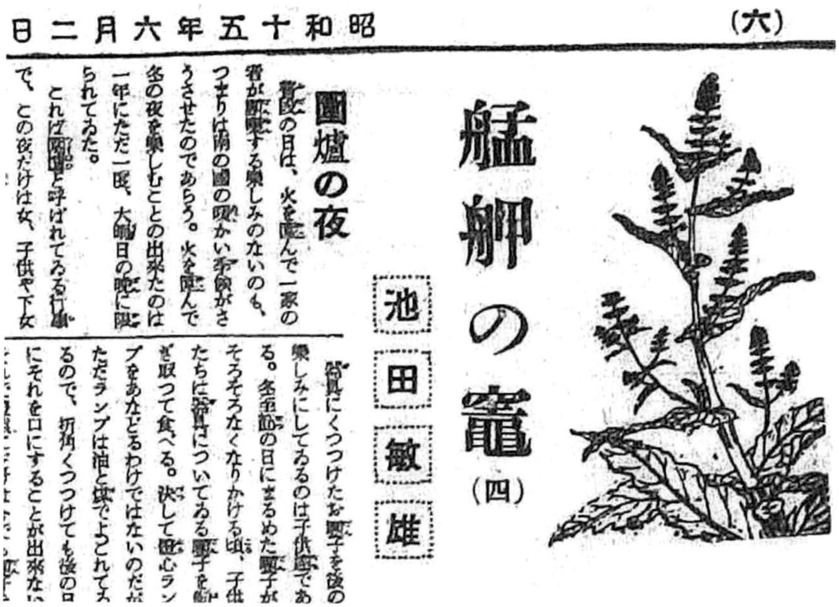
昭和十五年六月二日 （六）

艋舺の竈 （四）

池田敏雄

圍爐の夜

除夜の日は、火を圍んで一家の者が團欒する樂しみのないのも、つまりは南の國の暖かい季候がさうさせたのであらう。火を圍んで冬の夜を樂しむことの出來たのは一年にただ一度、大晦日の晩に限られてゐた。

これは圍爐と呼ばれてゐる行事で、この夜だけは女、子供や下女

器具にくつつけたお團子を後の樂しみにしてゐるのは子供達である。冬至節の日にまるめた團子がそろそろなくなりかける頃、子供たちに器具についてゐる團子を剝ぎ取つて食べる。決して肝心ランプをあなどるわけではないのだが、ただランプは油と煤でよごれてゐるので、折角くつつけても後の日にそれを口にすることが出來ない

▲ 在龍山國小任教期間，池田就常在報刊上發表民俗生活的文章，上圖是刊載於《臺灣日日新報》的文章。

池田敏雄出生於日本島根縣，七歲那年（大正五年，西元一九一六年）舉家遷居臺灣，十三歲時進入臺北第一師範學校就讀，畢業之後在艋舺的龍山公學校任教。艋舺這個臺灣的老城鎮，不只提供了池田臺灣傳統文化的養分，同時孕育了日後《民俗臺灣》的根基。

在某次指導學生作文時，一位學生黃鳳姿，

▲《民俗臺灣》的「臺灣民俗圖繪」專欄，是由立石鐵臣所繪製與解說，充滿鄉土與質樸的趣味。

寫了一篇敘述臺灣冬至飲食習俗〈湯圓〉的文章，引發池田投入萬華地區庶民生活研究的興趣，更串聯與池田的姻緣，因為十年後，他們從師生變成夫妻。

《民俗臺灣》於日治昭和十六年（民國三十年，西元一九四一年）七月十五日創刊，是一本致力於深入紀錄、研究臺灣民間習俗、地方生活的刊物。池田敏雄是《民俗臺灣》的靈魂人物，除了編務，也親自執筆發表文章，數量更是名列前茅。而池田的用心還表現在使用各種不同日人與臺人的筆名，目的就是要讓人以為有許多的投稿者與讀者。

除了池田，還有身為發行人的金關丈夫，到了昭和十九年（民國三十三年，西元一九四四年）七月，池田敏雄入伍，《民俗臺灣》還能持續到隔年一月，便是由金關丈夫、立石鐵臣肩負起編務工作。另外，畫家立石鐵臣、攝影家松山虔三，則讓刊物的風格更加鮮明並具備藝術風格。

日本戰敗後，即便家人都回到日本，池田仍繼續留在臺灣，同時規劃《民俗臺灣》復刊事宜。但一直到二二八事件後，池田歸返日本，《民俗臺灣》仍舊未能重新發行。

回到日本的池田，繼續從事民俗研究。民國六十五年（西元一九七六年）十二月退休的他，對於臺灣念念不忘，即刻展開重返臺灣的訪問與旅行。非常著名的客籍作家龍瑛宗，在其〈給文友的七封信〉文章中，就提到池田訪臺時，曾經特別前去找他敘舊。

在當年的時空，竟有一位應該與統治者相同位置的人，願意為岌岌可危的在地習俗、弱勢文化長期付出，對照現在許多人，在還沒認識這塊孕育其土地的珍貴與獨一性之前，動輒「愛臺灣」的口號大聲嚷嚷，悄悄保存臺灣民俗基因的池田敏雄是多麼令人想要對他鞠躬致敬啊！

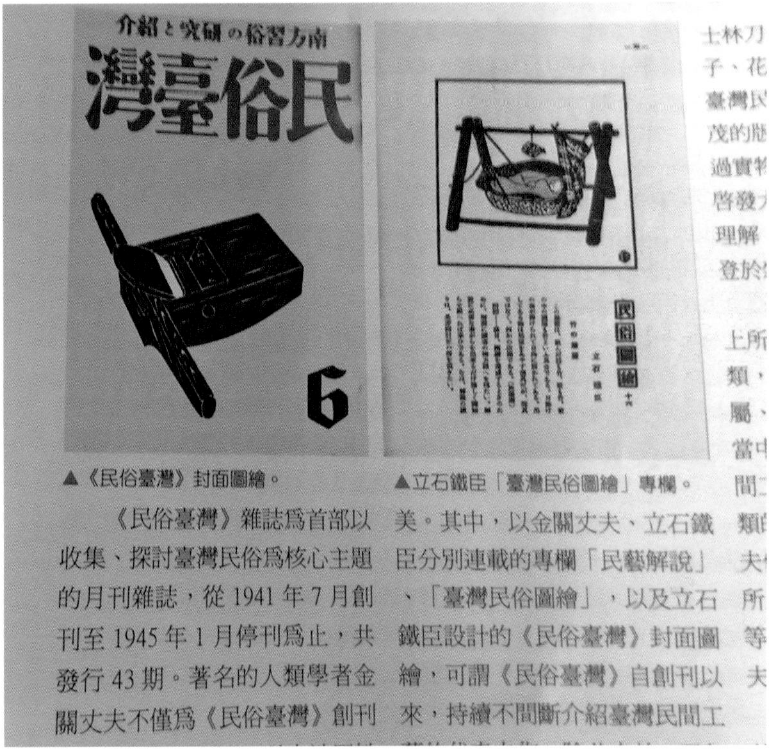

▲《民俗臺灣》封面圖繪。 ▲立石鐵臣「臺灣民俗圖繪」專欄。

《民俗臺灣》雜誌爲首部以收集、探討臺灣民俗爲核心主題的月刊雜誌，從 1941 年 7 月創刊至 1945 年 1 月停刊爲止，共發行 43 期。著名的人類學者金關丈夫不僅爲《民俗臺灣》創刊

美。其中，以金關丈夫、立石鐵臣分別連載的專欄「民藝解說」、「臺灣民俗圖繪」，以及立石鐵臣設計的《民俗臺灣》封面圖繪，可謂《民俗臺灣》自創刊以來，持續不間斷介紹臺灣民間工

▲ 池田敏雄編纂的《民俗臺灣》月刊。 （筆者翻攝）

走訪池田敏雄

池田敏雄十三歲時入學臺北第一師範學校，畢業之後即選擇位在萬華的龍山公學校服務，任教時間從昭和十年到十五年（民國二十四年－二十九年，西元一九三五年－一九四〇年）龍山公學校就是現在的臺北市龍山國小，創校於日治時期大正八年（民國八年，西元一九一九年）。

藝術新美學

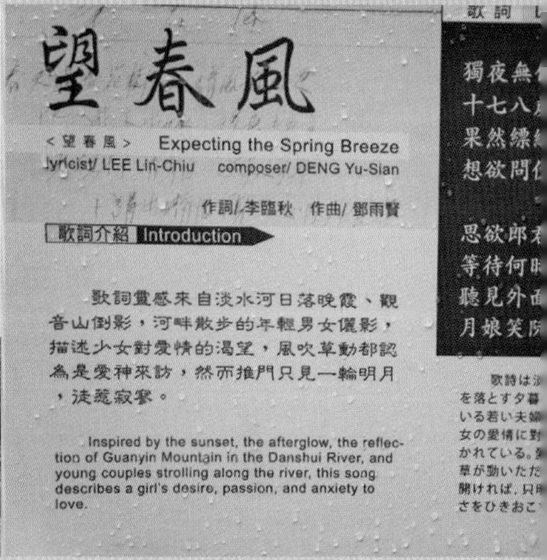

望春風

< 望春風 >   Expecting the Spring Breeze
lyricist/ LEE Lin-Chiu   composer/ DENG Yu-Sian

作詞/李臨秋   作曲/鄧雨賢

歌詞介紹 Introduction

歌詞靈感來自淡水河日落晚霞、觀
音山倒影，河畔散步的年輕男女儷影，
描述少女對愛情的渴望，風吹草動都認
為是愛神來訪，然而推門只見一輪明月
，徒惹寂寞。

Inspired by the sunset, the afterglow, the reflec-
tion of Guanyin Mountain in the Danshui River, and
young couples strolling along the river, this song
describes a girl's desire, passion, and anxiety to
love.

歌詞 し

獨夜無伴
十七八
果然綠紗
想欲問伊

思欲郎君
等待何時
聽見外面
月娘笑阮

歌詞は淡
を落とす夕暮
いる若い夫婦
女の愛情に對
かれている。
草が動いただ
開ければ、只
さをひきおこ

陳應彬與傳統建築

在缺乏現代化建築技術的年代，要建一座大廟是高難度的工程。一位兼具結構知識和藝術美學的大木匠師，是整座廟宇的靈魂人物，就讓我們一起來讀一讀臺灣廟宇建築大師——陳應彬的故事，以及他的作品和風格。

到寺廟拜拜時，你會不會抬頭仰望華麗的屋頂、看看廟前的石獅？在華人的傳統生活中，廟宇可說是非常重要的建築，它不只是人們的信仰中心，同時也是藝術美學表現的大本營。

▲ 臺中旱溪樂成宮是由陳應彬擔任大木匠師，三川殿完成於日治昭和四年。

但是在過去久遠年代，廟宇和其他建築一樣，木材是整座建築最主要的結構，但因缺乏大型機具或精密的測量工具，所以都要靠人力去完成。而「大木匠師」就像是廟宇的建築師與總工程師，是興建一座廟宇成敗的關鍵。

陳應彬是一位出身臺灣的「大木匠師」，清同治三年（西元一八六四年）出生於現在新北中和區。他的父親陳井泉和家族中不少長輩都是木匠，他在家裡排行老么，上頭有四位哥哥，在他身上也看到了「子承父業」這個華人世界早年現象。

▲「彬司」獻贈給樂成宮的石柱。

日治時期明治四十一年（西元一九〇八年），那一年他四十四歲，主持北港朝天宮的重建，也從此奠定他在臺灣廟宇建築界的地位，被尊稱為「彬司」。之後他陸陸續續修築了臺北大稻埕慈聖宮、嘉義朴子配天宮、新北貢寮澳底仁和宮、臺中豐原慈濟宮、旱溪樂成宮、臺北保安宮、木柵指南宮等。其中其以媽祖廟最多，所以也被奉為專修媽祖廟的匠師。

由於日本統治臺灣以後，許多原本來自中國的唐山大木匠師都回去故鄉福建或廣東，陳應彬遂逐漸發展出屬於自己的建築特色和風格，加上其長子己堂、次子己元和幾位有名的徒弟，像是廖石成、黃龜理等，共同形成一派匠師的系統，一般都稱作「彬司派」。

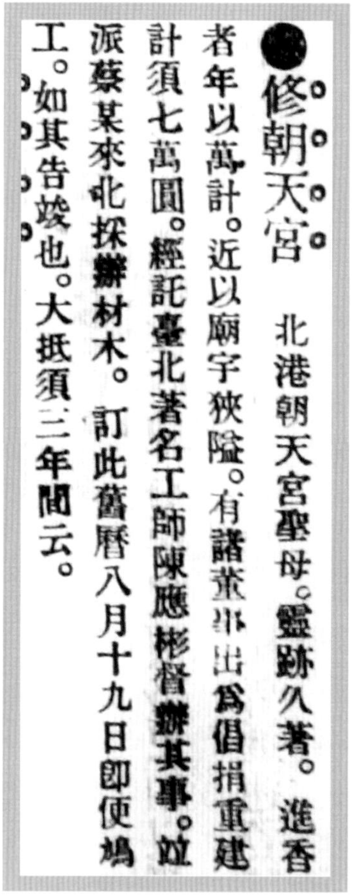
●修朝天宮　北港朝天宮聖母。靈跡久著。進香者年以萬計。近以廟宇狹隘。有諸董事出爲倡捐重建計須七萬圓。經託臺北著名工師陳應彬督辦其事。並派蔡某來北採辦材木。訂此舊曆八月十九日即便鳩工。如其告竣也。大抵須三年間云。

▲ 明治四十一年漢文《日日新報》關於陳應彬修建朝天宮的新聞。

「彬司派」和當時來自指泉州溪底的王益順（主持艋舺龍山寺的修建）各擅勝場，對臺灣廟宇建築各有深遠的影響力，所以有所謂「北彬司，南益順」的說法。

▲ 臺中林氏宗祠三川殿的「升庵假四垂」屋頂。

至於陳應彬在廟宇建築上的特色，就是所謂「假四垂」屋頂——一個小的四垂屋頂騎在另一個屋頂上，因為最上層的四垂頂不是完整的，所以就稱為「假四垂」，但也有人叫做「太子樓」。這樣的屋頂形式在施工上更為複雜，但是卻更加通風，也有比較充足的採光。在比較細部的斗拱部分，他將瓜筒轉變為金瓜的形狀，以及拱身做成彎曲的「螭虎栱」。

陳應彬不只是臺灣出身的優秀大木匠師，更能在傳統中走出自己的風格，對應現在的社會風潮，就是創造自己的品牌，可說是臺灣傳統建築美學的代表性人物。

▲「螭虎」用臺語唸起來與「祈福」有諧音，上圖是樂成宮以捲螺表現的「螭虎栱」，也是彬司的特色手法之一。

走訪陳應彬

超過三百年歷史的北港朝天宮，寺廟歷經道光、咸豐年間的創建與增建，卻在日治時期明治三十八年（西元一九〇五年）遭地震嚴重損毀。明治四十一年（西元一九〇八年）陳應彬獲邀擔任重建的大木匠師，也從此奠定他在臺灣廟宇建築的地位，被尊稱為「彬司」。

森山松之助與古典式樣建築

講到臺灣具有代表性的建築，凱達格蘭大道上的總統府應是其中之一。這幢具備後期文藝復興式樣的建築，也有人以爲它的造型就好像一位日本軍人，因此，從日治時期以來就是臺灣最高統治權力的象徵。

當我們暫時放下意識形態的眼鏡，純粹從藝術的眼光來欣賞，也不得不佩服它的催生者——森山松之助，同時也是臺灣古典西洋式樣建築的引領者。

▲ 外觀為赭紅磚牆與白色水平飾帶，是森山松之助重要的建築語彙，上圖是完工於大正年間的專賣局。

森山松之助（一八六九—一九四九）出生在維新運動後不久的日本，當時是日本有史以來最劇烈變革的時代，森山松之助更是站在這波洶湧的浪頭上。他在二十四歲時進入東京帝國大學工科大學造家學科（即現在的東京大學建築系），他在臺灣慣用的建築風格就是師承辰野金吾，而後者則是受傳於英籍教授康德創立的新古典主義建築學派。

然而，說來諷刺，這些深受歐洲風格薰陶的新一代建築師，卻在日本找不到揮灑的空間，成為日本殖民地的臺灣，反倒成了新建築的最佳實驗室。森山松之助在日治時期明治四十年（民國五年，西元一九一六年）來到臺灣，擔任總督府營繕課技師。

▲ 國史館的前身為日治時期臺灣總督府交通局遞信部，正面的古典柱式，則是森山常用的設計語彙。

森山松之助將華麗建築的風格引進，擅長表現繁複、華麗、古典的風格，更將臺灣的西洋古典建築帶向高峰，在臺灣的設計作品非常多。走在臺北的博愛特區一帶，總統府、監察院、公賣局、臺北賓館等，均是其作品。

▲ 森山松之助的作品之一——舊臺南地方法院。

仔細端詳，這幾幢建築也都有幾分共同點，像是紅磚牆、白色水平飾帶、中央高塔、古典柱式、拱窗……。另外，臺北，臺中、臺南州廳也是森山松之助的作品，他不僅僅是臺灣日治時期官方建築的掌舵者，更可說是臺灣近代建築的導師。

大正十年（民國十年，西元一九二一年）森山松之助返回日本，相較於在臺灣的官方角色，他反倒接受更多民間委託的設計案，在設計風格上也走向較為簡潔的折衷式樣。

▲ 森山返回日本後，將臺灣風格建築帶回，上圖是為慶祝昭和天皇結婚大典東京新宿御苑的「臺灣閣（御涼亭）」。　（取自昭和二年十二月二十五日《日日新報》）

這些象徵日治時期殖民者威權統治的建築，隨著光陰流轉與時代變化，歷經了輝煌、破敗與新生，如今或繼續服役，或轉型作為他用，或許讓人心中有著複雜的感受。但若不是森山松之助，臺灣這幾個現代化的大都市，恐怕會少了幾許典雅的氣息與異國情調。

走訪森山松之助

雄踞臺南市南門路與中正路交會處的臺南州廳（右圖），現在已經被活化再利用爲臺灣文學館，這幢建築完工於日治時期大正五年（民國五年，西元一九一六年），屬於馬薩式樣的古典建築，其特色就是斜式屋頂、牛眼窗與老虎窗。

從正面看，宏偉的門廳與兩側對稱的衛樓，以及墊高基座、厚重的仿石材手法，傳達一種穩重與莊嚴的基調；衛樓也是整棟建物的視覺焦點，正如同總統府兩側也有翼塔一般，更是古典式樣建築強調對稱的高明手法。圓形屋頂的衛樓，從上到下三層的窗戶造型各異，雖是仿拱心石，卻又將之相互貫穿。

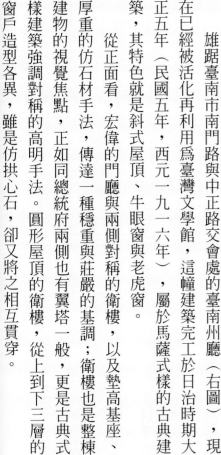

賴和與臺灣新文學

明治四十五年（民國一年，西元一九一二年），賴和那年十九歲，就讀臺灣總督府醫學校（即現今臺灣大學醫學院），他利用寒假時間，從學校出發，以步行返回彰化。當年縱貫線鐵道已進入通車的第四年，但是他卻捨棄方便、快速的方式，用雙腳慢行，不只是踩在這片孕育他的土地上，也朝著他日後成爲醫生、詩人、革命家的道路上踏實前進。

原本只要七小時左右的行程，賴和卻花了五天五夜。這段從「三角湧（三峽）沿中央山脈至頭份，乃折向中港遵海濱而行」的行腳，讓他親眼看到臺灣人在日本統治下的悲情，也因為這樣，埋下他日後投入反殖民運動的種子。

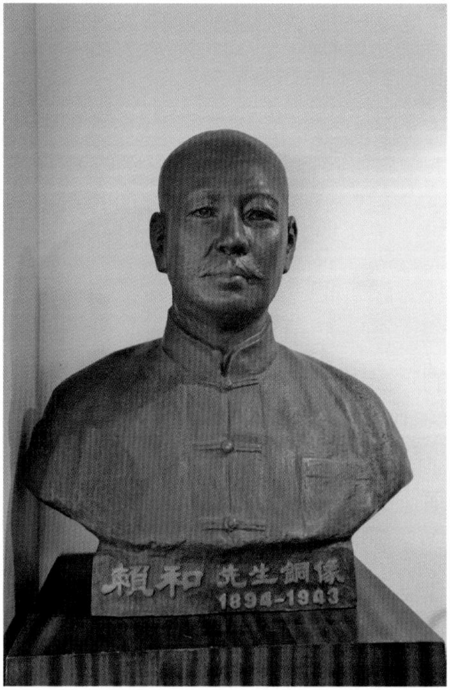

▲ 賴和半身銅像。　（筆者攝於賴和紀念館）

如果要找一個日治時期的臺灣人，不只有醫生的專業，還有作家的文筆，以及革命家的果敢，那麼這個人就是賴和了。賴和是彰化人，本名賴河，出生於臺灣淪為日本殖民地的前一年，也就是光緒二十年（西元一八九四年），他以道士為業的父祖輩，以及他矮胖的外表，常被拿來和他日後的身分做對比，這些描述非但沒有不敬，反倒是都在凸顯他慈悲的心腸，也充分反映在他醫生、詩人這兩個角色上。

對賴和而言，就讀醫校是人生非常重要的轉折，他不僅因此成為一位當時在社會上享有崇高地位的醫生，更認識了杜聰明、蔣渭水等人，從此他的生命便和反日運動結下不解之緣。

大正三年（民國三年，西元一九一四年）畢業後，他曾短暫到嘉義醫院任職，大正七年二月，他渡海前往廈門的博愛廈門醫院任職。隔年他因為思念家鄉，返回彰化的市仔尾老家開設賴和醫院。

身為一位醫生，他覺得並非志在賺錢。他在那趟從臺北到彰化的壯遊過程中，親眼目睹窮人想要就醫得付出龐大金額的壓力。因此，他對於那些貧苦的病人，總是給予最大的彈性與幫助，因此擁有「彰化媽祖」的封號。

至於做為詩人、作家，他覺得文學作品應該更接近一般大眾，加上受到五四白話運動的影響，他使用白話文、臺灣話文，以及日本漢字來創作，因此後來被尊稱為「臺灣新文學之父」。

賴和的文學作品與庶民的生活如此接近，特別是那些在日本殖民高壓統治下的弱勢族群，更常常是他筆下的主角，並且賦予每位主角對於強權

▲ 大正七年賴和到廈門鼓浪嶼的博愛醫院任職。（筆者攝於賴和紀念館）

欺壓的對抗與挑戰。

他也以具體行動實踐理想，於大正十年加入臺灣文化協會，並當選為理事，為臺灣議會自治發聲，為啟蒙臺灣人民行動，後來甚至還因此被捕入獄。

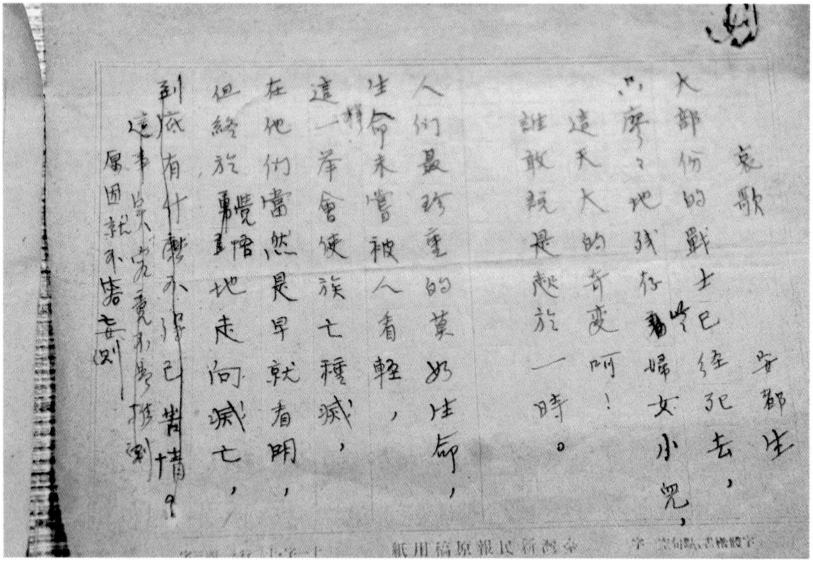
哀歌　安都生

大部份的戰士已經死去，
只殘存些婦女小兒，
這天大的奇變
誰敢說是起於一時。
人們最珍重的莫如生命，
生命未嘗被人看輕，
這一舉會使族亡種滅，
在他們當然是早就看明，
但終於覺悟地走向滅亡，
到底有什麼不得已苦情？

▲ 賴和的南國哀歌是對霧社事件中抗日原住民的悼念與尊敬。（筆者攝於賴和紀念館）

「啊！時代的進步和人們的幸福原來是兩件事，不能放在一起並論啊！」是賴和的小說《無聊的回憶》中，一句發人深省的話，如果不是對生活有細細的咀嚼，對生命有刻骨的感受，怎有辦法寫出這樣的文句。

認識賴和、閱讀賴和，總會讓人再次點燃對生命、理想的追求熱情與實踐的動力。

走訪賴和

「賴和紀念館」成立於民國八十四年，位於早年賴和醫館舊址所改建的大樓四樓內。在這裡可目睹賴和先生的手稿、年表、遺物、部分藏書、字畫等，更能感受這位醫生、詩人、民族鬥士低調卻不平凡的一生。

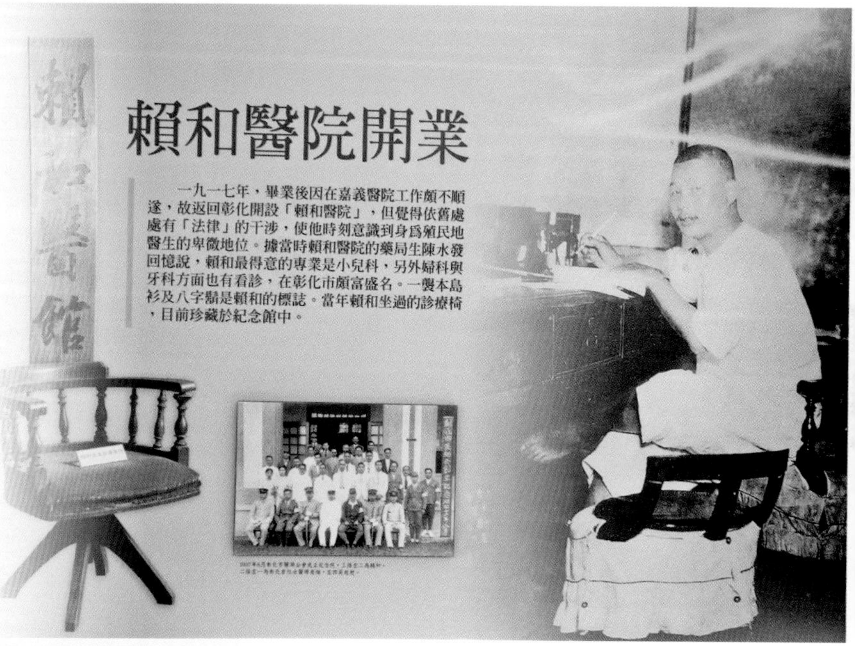
賴和醫院開業
一九一七年，畢業後因在嘉義醫院工作頗不順遂，故返回彰化開設「賴和醫院」，但覺得依舊處處有「法律」的干涉，使他時刻意識到身爲殖民地醫生的卑微地位。據當時賴和醫院的藥局生陳水發回憶說，賴和最得意的專業是小兒科，另外婦科與牙科方面也有看診，在彰化市頗富盛名。一襲本島衫及八字鬍是賴和的標誌。當年賴和坐過的診療椅，目前珍藏於紀念館中。

石川欽一郎與西畫

比起陳澄波、李梅樹等臺灣知名前輩畫家，可能很多人對石川欽一郎這個名字感到陌生，其實石川不只是前述這些臺灣前輩畫家的老師，更藉由畫作向日本人介紹臺灣之美，也是臺灣西畫風潮的導師。

「臺灣第一位西畫家」是石川欽一郎出現在臺北的角色，從一開始兼任官方歷史畫的畫師，到投身臺灣西洋美術教育，進而引發臺灣西畫鑑賞風潮，更啓蒙了臺灣人西畫的平權運動。

▲ 石川致力於臺灣西洋美術教育，上圖是臺北第二師範學校（國立臺北教育大學前身）的紅磚禮堂（建於西元一九二七年）。

日治時期明治四十年（西元一九〇七年），石川首次踏上臺灣，但主要是擔任臺灣總督府陸軍翻譯，也兼任臺北國語學校美術老師，從此點燃了原本黯黑的臺灣美術教育與運動的火把。

大正十一年（民國十一年，西元一九二二年）石川短暫離臺，走訪歐洲與從事創作。三年後，石川再度返臺，任教於臺北師範學校。除了擔任教職，石川也不忘其繪畫的興趣，「畫臺灣也愛臺灣」可說是其最佳寫照。他創作的行腳遍及臺灣，從其畫作取材涵蓋了臺灣的城市與鄉間、海邊與山野，便可以證明，就連次高山（雪山）都曾是他寫生的主題。

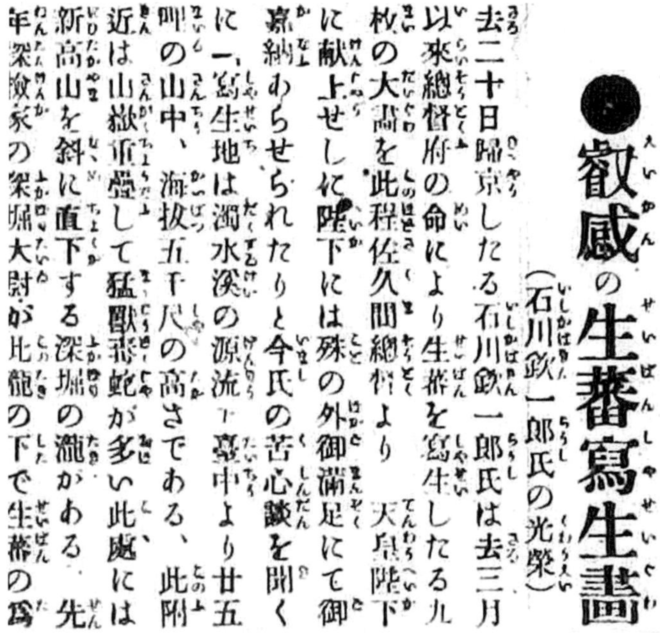
●叡感の生蕃寫生畫
（石川欽一郎氏の光榮）

去二十日歸京したる石川欽一郎氏は去三月以來總督府の命により生蕃を寫生したる九枚の大畫を此程佐久間總督より　天皇陛下に獻上せしに陛下には殊の外御滿足にて御嘉納あらせられたりと今氏の苦心談を聞くに「寫生地は濁水溪の源流で臺中より廿五哩の山中、海拔五千尺の高さである、此附近は山嶽重疊して猛獸毒蛇が多い此處には新高山を斜に直下する深堀の瀧がある　先年探險家の深堀大尉が此瀧の下で生蕃の爲

▲ 石川欽一郎配合總督府「理蕃」的政策，深入中央山脈描繪所謂的「番界圖」。

〔上圖為明治四十二年（西元一九〇九年）八月二十九日的《日日新報》報導〕

筆者看過石川一幅名為「臺北松山米粉工場」的水彩畫，畫中的景物色彩明亮，也讓我們感受到石川對臺灣的正向情感。而米粉這項臺灣的代表性食物，更在陽光下透露了物產的豐足，這是石川最受臺灣畫壇敬重之處，也反映了他所建構「地方色彩」的取材與畫風，凸顯了臺灣的主體性與自主性。他的學生深受其影響，紛紛以臺灣或是自己家鄉做為創作靈感來源。

石川不只是一位溫文儒雅的藝術家，其人格與教學都受到學生高度推崇，他同時也是一位革命家，在臺灣美術運動展現堅強的意志。在具體行動上，他扶植「臺灣繪畫研究會」等畫會，倡議臺灣總督府舉辦「臺灣美術展覽會」，讓臺灣人民從此以後能與日本人在美術競賽中有公平競技的機會。

▲ 石川欽一郎不僅是畫家，也是一位美術教育家。（筆者翻攝）

對於臺灣，這位畫風高度成熟的水彩畫家如此形容：「傳言是地獄，見了卻驚為天堂，這就是我對臺灣的第一印象，形與色都很優美的島嶼，令人欣喜。」有機會看看他的畫，就能體會他為什麼用「光之鄉」來讚美這個他前後待了十九年的地方。

▲ 石川的畫作——臺灣總督府，原本威權的殿堂，在他畫筆下，藉由樹林的襯托，卻多了濃厚的典雅。（筆者翻攝）

走訪石川欽一郎

石川欽一郎於大正十四年（民國十四年，西元一九二五年）第二次到臺灣後，就開始在當時分別稱爲臺北第一師範學校（臺北市立教育大學前身，現在稱爲臺北市立大學博愛校區）與臺北第二師範學校（國立臺北教育大學前身）的二所學校任教，因此，他也被稱爲臺灣近代西洋美術的啓蒙者。其所教導出來的學生，日後幾乎都是臺灣美術創作與推動的菁英，像是倪蔣懷、藍蔭鼎、洪瑞麟、李澤藩、李梅樹、李石樵……等。國立臺北教育大學於民國一〇二年成立「北師美術館（MoNTUE）」，其創館緣由中，特別推崇石川對該校與臺灣美術教育的奉獻。

李臨秋與望春風

現今社會的媒體非常發達，透過網路、電視等，人們對於當下流行的歌曲，往往都能琅琅上口。但是在八、九十年前的臺灣，不僅媒體少，黑膠唱片更是奢侈品，連音樂創作的風氣也剛剛起步。但是在那時有一首叫做《望春風》的歌曲，竟然能在大街小巷風行，可說是掀起臺灣第一次在地歌謠的流行熱潮，而爲這首歌寫詞的人，則是一位學歷只有小學畢業的李臨秋。

▲ 位在大稻埕公園內的李臨秋雕像。

李臨秋出生於日治時期明治四十二年（西元一九〇九年），國小畢業後就因家道中落而無法繼續升學。人生的第一份工作，就是在麥酒株式會社（啤酒廠）當工友。

昭和五年（民國十九年，西元一九三〇年）他到大稻埕的永樂座（戲院）當茶房。在一個因緣際會下，李臨秋展現了他優秀的語文能力，轉而負責戲院的影劇文宣，進而為電影主題曲寫歌詞，還被唱片公司聘請為專屬作詞家。

▲ 大稻埕是李臨秋人生發光發熱的地方。

李臨秋的青年時期正是大稻埕的黃金年代，日本人引進的西洋音樂、電影以及現代的詞曲創作開始萌芽，而大稻埕原本就是以臺灣人為主要勢力的社區，這些以東洋風格包裝的新形態媒體、音樂，在這裡孕育出所謂的「臺灣民謠」曲風與歌詞。

「望春風」這首歌詞是李臨秋的代表作，很多人都說歌詞內容是參考中國古典文學《西廂記》中的「隔牆花影動，疑是玉人來」典故。但是李臨秋最小的兒子李修鑑，在他所寫的一篇〈我的父親——李臨秋〉文章中，從父親當時創作的背景，提出了修正的看法。《望春風》這首歌詞發表於日治昭和八年（民國二十二年，西元一九三三年），女性平權觀念剛剛傳入臺灣，歌詞正好反映了女性對於打破傳統婚姻的勇氣和對愛情的憧憬。

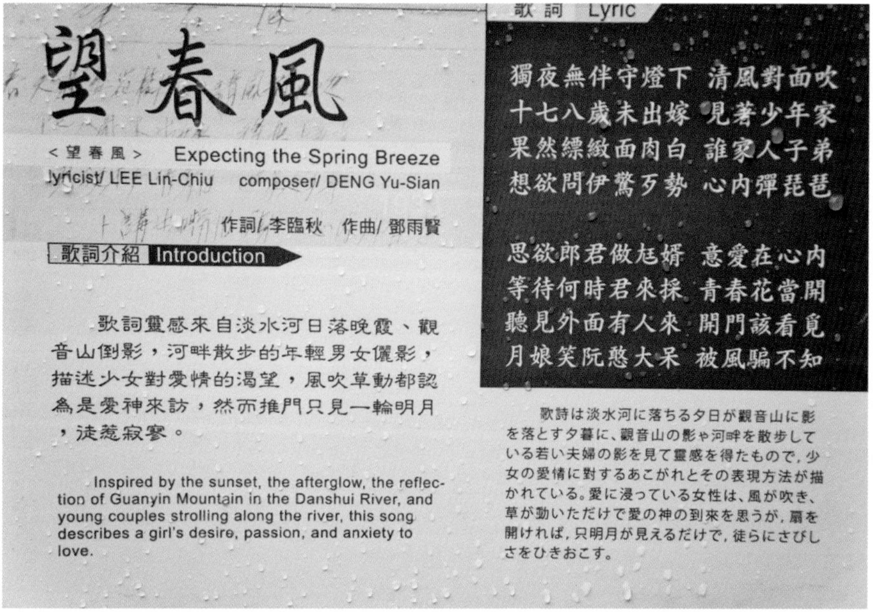
望春風
<望春風> Expecting the Spring Breeze
lyricist/ LEE Lin-Chiu composer/ DENG Yu-Sian
作詞/ 李臨秋 作曲/ 鄧雨賢
歌詞介紹 Introduction
歌詞靈感來自淡水河日落晚霞、觀音山倒影，河畔散步的年輕男女儷影，描述少女對愛情的渴望，風吹草動都認為是愛神來訪，然而推門只見一輪明月，徒惹寂寥。
Inspired by the sunset, the afterglow, the reflection of Guanyin Mountain in the Danshui River, and young couples strolling along the river, this song describes a girl's desire, passion, and anxiety to love.
歌詞 Lyric
獨夜無伴守燈下 清風對面吹
十七八歲未出嫁 見著少年家
果然標緻面肉白 誰家人子弟
想欲問伊驚歹勢 心內彈琵琶
思欲郎君做尪婿 意愛在心內
等待何時君來採 青春花當開
聽見外面有人來 開門該看覓
月娘笑阮憨大呆 被風騙不知
歌詩は淡水河に落ちる夕日が觀音山に影を落とす夕暮に、觀音山の影ゃ河畔を散步している若い夫婦の影を見て靈感を得たもので，少女の愛情に對するあこがれとその表現方法が描かれている。愛に浸っている女性は、風が吹き、草が動いただけで愛の神の到來を思うが，扉を開ければ，只明月が見えるだけで，徒らにさびしさをひきおこす。
▲《望春風》不只是一首歌，更用歌詞的故事改編成電影，可見這首歌受歡迎的程度。

據說李臨秋每每寫完一首歌詞，就會唸給母親或太太聽，因為如果連她們都能了解，一般大眾就能接受。他的歌詞表面上看來是女性對於愛情的期盼，或是對生計感到辛苦的怨嘆，但卻都隱藏了他對當代社會文化、價值的觀察與想法。更因為抓住了臺灣人內心的渴望，反映了心中的苦悶，因此有好幾首歌的歌詞，都在大街小巷被人傳唱。

或許歌詞蘊藏深厚意涵，但是他的創作態度卻是輕鬆的，他覺得寫歌詞是他的副業，而稿費收入就是他的「喝酒錢」。每當他要寫作時，家人總是為他準備夜來香和紅露酒放在桌上。或許就是這份悠然的自在，讓他能堅持在這條不是很平順的道路上走下去。

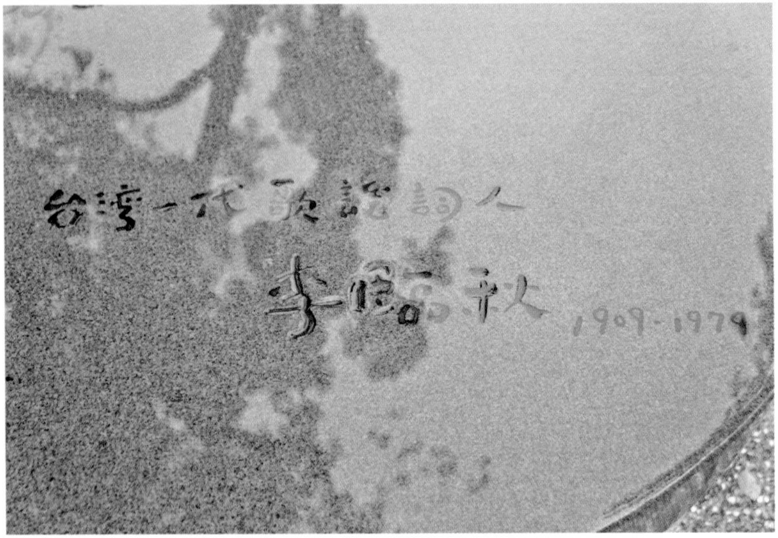

▲ 李臨秋創作的好幾首歌詞，因為平易近人，眾人都能琅琅上口，因此被稱為「臺灣一代歌謠詞人」。

讀完這篇短文，不管你有沒有聽過《望春風》，趕快找出來聽一遍，然後跟著唱，相信你的心也會跟著「彈琵琶」，因為會有一種輕輕的悸動。

走訪李臨秋

位在臺北市大稻埕地區的西寧北路八十六巷四號二樓，正是被稱為「臺灣一代歌謠詞人」李臨秋的故居，這裡也是「望春風」這首膾炙人口的臺語歌詞誕生地。這幢房子原為陳姓仕紳所有，後來提供李臨秋暫時住宿。一直到民國四十二年，李臨秋才買下來。但是後來卻因為投資電影事業失敗，只好將一樓店面賣掉，貼補他的損失。

現代新交通

房里溪官義渡

婁雲與義渡推動

現在人們要過河可以走橋，但以前人要過河卻異常辛苦，夏季水流湍急，身處高度危險之中；冬季雖然河床水淺，但踩在冰冷河水中，教人「不寒而慄」。儘管後來在重要的河段有渡口供人們過河，但是民營渡口亂象叢生，所以後來清朝大肆改革渡政，將所有渡口全部改爲義渡。

道光年間的淡水同知婁雲，可說是當時對於渡政改革最用心的官員，如今在苑裡老街的順天宮前，還可以看到一座他在近兩百年前所設立的義渡碑。

▲ 位在嘉義市八掌溪旁的「八掌溪義渡紀念碑」。

臺灣因為天然地理條件的關係，河流密度很高，加上雨季時雨量豐沛，造成洪水暴漲。因此，兩百多年前的清朝初年，要度過河流到達對岸，只能說是困難重重。當時因橋梁數量不多，大都是用竹枝搭建，但是春夏大雨一來，橋梁就被洪水沖走。所以在重要的河流都設有渡口，旅客可搭乘渡船過河。

一開始渡口多為民營，後來因為產生許多問題，例如船家刁難旅客或任意收費，甚至還發生旅客溺水的事件。在臺中市東勢區有一座義渡碑坊，就記載了當年的亂象——「土豪以渡船酷索行人。有一日戲侮婦女，曾載小女數人，到中流故作惡作劇，渡船傾覆，致盡溺死釀成械鬥。」

▲ 臺中市東勢區的義渡碑坊，是當年渡口亂象的最佳見證。

婁雲是浙江山陰人，道光十年，因勘禁鴉片有功，升為臺灣分防同知，後因平定桃園地區的閩粵械鬥，在道光十六年晉升淡水廳同知，自雍正元年，一直到同治十三年，大甲溪以北之北臺灣一直隸屬淡水同知管轄，而同知等同於區內最高行政首長。

婁雲為了改善渡口的惡

習，開始倡立官義渡。清朝晚年臺灣著名的吳子光曾寫過一篇〈淡水義渡記〉，就是描述婁雲倡設義渡的經過。婁雲任事積極，個性耿直，吳子光稱他「公之治淡也，剛正嫉惡」，還把他比喻為包青天。渡政是婁雲非常重要的政績，除了房里溪，另外還有大甲溪、中港溪等，共六處官義渡。

所謂的官義渡就是由官方發起集資募款，再將所募得的經費購置義田，義田每年所得的租金和利息，用來支付營運渡口所需的經費，像是僱請船夫、維修船隻的費用等，提供往來民眾免費乘船渡河。

▲ 永濟義渡碑碑文上關於船夫與乘客的相關議定，現在被存放在南投民間福興宮的辦公室內。

在這些義渡的渡口都會立碑，一方面做為標示用途，另一方面也有昭告法令與規定的意涵，像是立在房里溪的義渡碑，右款寫著：「……由官給發工食，往來行人隨到隨渡，不准需索分文，如違鳴官嚴辦」，有些還記載了渡口營運的準則。

雖然我們現在只要藉由橋梁就可輕易渡河，倒也有點羨慕前人有機會搭乘小船，因為在渡河的同時，還可欣賞河岸風光。但那份自在與安心，可能要歸功婁雲。

▲ 渡口不再，人們將對義渡的感恩轉化到橋梁的名稱上。
（臺中市東勢區的義渡橋）

走訪婁雲

婁雲可說是對渡政改革最用心的官員，道光年間擔任淡水同知，在房里溪設置官義渡。如今在苑裡市區南方「房里古城」老街的順天宮前，還可看到一座他在近兩百年前設立的「房里溪官義渡碑」。

岑毓英與新式橋梁

在日常生活中，我們每天可能都會路過一、兩座橋梁，大家可能習以爲常。然而回到清朝，橋梁並不普及，但卻對臺灣的交通發展有著重要影響。特別是受限於工程技術，大型橋梁更是鳳毛麟角，其中的創舉，應該是福建巡撫岑毓英所建造的大甲溪橋。

▲ 舊山線的大甲溪花梁鋼橋，據聞是岑毓英所建造的大甲溪橋所在地。

今天在臺灣南來北往，幾乎都是依賴路上交通。然而，回顧臺灣三、四百年的開發初期歷史，水運扮演重要角色。但是水運風險較高，而且後來隨著開發腳步遍及各地，對陸路交通的依賴，可以說是與日俱增。

臺灣因為先天地理條件的關係，河流密度甚高，而且多以東西向的河流為主，因而阻礙了南北往來的交通。位於中部的大甲溪乃南北必經之處，光緒七年（西元一八八一年）兼管福建與臺灣的福建巡撫岑毓英，上書皇帝建造大甲溪橋，在當時可說是空前的艱鉅工程。《臺灣通史．郵傳志》中指出：「乃勸紳富捐款，助以官帑，築隄架橋。以鐵桶積石為礎，橋長百五十丈，費款二十萬圓」。

▲ 大甲溪讓歷史上不少名人嘗盡苦頭，如今部分溪水被上游水庫截走，河床上滿是卵石。

只是竣工當年（光緒八年）六月，一陣狂風暴雨所造成滾滾洪流沖毀了這座橋梁，這樣的結局，除了施工技術問題，大甲溪的威力更不容小覷。連橫的《臺灣通史．郵傳志》有這樣的一段描述：「溪流廣漠，每逢大水，阻遏不前，或至浹旬不渡。」

康熙三十六年（西元一六九七年）郁永河渡海來臺開採硫磺，他捨棄了當時比較普遍的海運，採取了較為困難的陸上交通。根據《裨海記遊》記載，農曆四月七日他從臺南出發，過了七天來到牛罵社（今清水），然而，為了度過大甲溪，郁永河從農曆的四月十四日等到二十二日，足足耽擱了九天，後來因為等不及了，而勉強過河。從這段記載，更讓我們感受到大甲溪的威力。

有趣的是，就在大甲溪橋完工的同一年，岑毓英於大甲溪建造了十一座龍神廟。傳說中龍王具有呼風喚雨的能力，或許在新式橋梁剛起步之際，岑毓英還是無法一下子就擺脫民俗信仰的傳統。

▲ 臺中省城的北門，現在保留於臺中公園內，儘管被改稱為「望月亭」，但卻是清代臺中被規劃為省城的見證。

岑毓英擔任福建巡撫期間曾兩次來臺，他對於臺灣的另一個重要影響，就是對於臺灣省城位置的挑選。臺灣雖然到光緒十三年（西元一八八七年）才建省，但是早在光緒七年福建巡撫岑毓英即命臺灣兵備道劉璈，探查適合興建省城之地。

劉璈在其所著的《巡臺退思錄》提到：「上年蒙前撫憲岑面諭，就大甲溪大肚山以內周歷查勘……貓霧捒、上橋頭、下橋頭、烏日莊四處，尤為鐘靈開陽之所。」臺灣首任巡撫劉銘傳最後擇定在橋仔頭建省城，這應該是源起之一。

▲ 岑毓英曾經參與臺北府城建城的監督工作，上圖是臺北府城南門。（取自IDJ圖庫）

儘管岑毓英的心血最後化為烏有，但是大甲溪橋卻開啓了日後清朝政府對臺灣橋梁興建的重視與新式技術引進的需求，也讓臺灣逐漸走向以陸路為主的交通形式。

走訪岑毓英

光緒八年岑毓英建造的大甲溪橋位置，就在舊山線的大甲溪花梁鋼橋附近。如今這座花梁鋼橋也功成身退，轉型成爲后豐自行車道中，遊客最常停駐的景點之一。

劉銘傳與臺灣鐵道

搭火車小旅行或是拜訪昔日的舊火車站，近年好像成爲一種很受歡迎的旅遊方式。當我們坐在火車上，聽著「匡噹匡噹」的火車聲，每個人腦海中可能有著不同的影像，對筆者來說，最常浮現的是劉銘傳的身影。

臺灣第一任巡撫劉銘傳，在一百二十幾年前，完成基隆到大稻埕之間的鐵路，這段鐵道雖然不長，但卻是日後臺灣全島鐵路網鋪設的最重要一步。

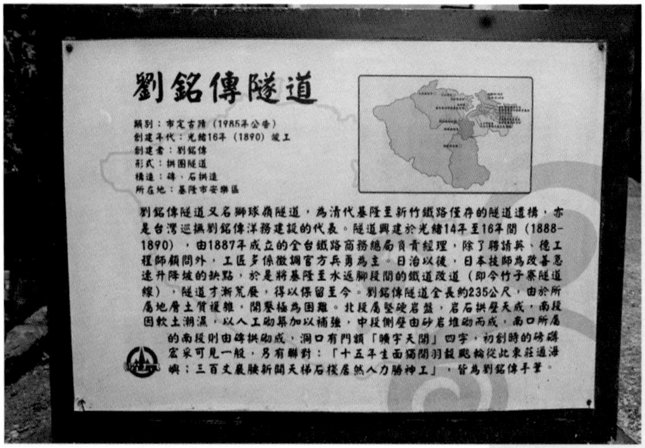

▲ 獅球嶺隧道與劉銘傳隧道兩個名稱常被交替使用，可見劉銘傳在清末臺灣鐵道興建上的貢獻。

翻閱臺灣鐵路興建的文獻，最早提議建設臺灣鐵路的人，是光緒二年（西元一八七六年）開始擔任福建巡撫（當時兼管臺灣）的丁日昌。但是劉銘傳不僅倡導，更是最早而且真正付諸行動的第一人。

劉銘傳在施政上主張推動洋務，臺灣剛好是他最佳的實驗室，而興建鐵路更是他實踐

「工業救國」想法的出發點。除了鐵路，劉銘傳同時推動了當時也非常先進的電報、煤務、郵務等。

光緒十一年（西元一八八五年）臺灣建省，劉銘傳成為第一任巡撫。當時是中法戰爭之後，劉銘傳認為要鞏固臺灣邊防，首先就要改善交通問題，而且能夠有利於貨物運送與商業的振興。他在光緒十三年奏請〈擬修鐵路創辦商務摺〉，極力主張修建臺灣鐵路。

然而劉銘傳興建鐵路的施政構想，並不是那麼順利，首先是要面臨龐大的經費籌措。劉銘傳一開始的策略是「官方督導、招商募款」，但是隨著工程進行所遇到的花費日增，原本參與的招商開始觀望卻步。

其次是施工技術的突破，以獅球嶺隧道為例，進入隧道後，注意抬頭觀看隧道的頂端，會看到一個有趣的現象——頂端的高度竟然有著很明顯

▲ 因為測量技術還不夠進步，造成獅球嶺隧道頂端有著高低落差，另外也可發現不同材質的隧道壁體。

的落差，就是因為當時測量技術還不夠精準。隧道從南北兩端同時開挖，來到中間交會之處，才發現兩邊的落差，只好降低較高一側的地面高度，讓火車能夠順利通過。

還有華人「地理風水」禁忌的挑戰，當時鐵道的興建因為大肆動土挖掘，挑戰了傳統「地理風水」的保守忌諱，導致施工過程中官員與百姓的擔心和傳言。一位叫西川滿的日本人，以獅球嶺隧道興建作為背景，寫了一本名為《龍脈記》的小說，書中部分情節描述了西方工程師和清朝官員之間，為了鐵道開闢造成「龍脈」破壞的爭執。

光緒十七年（西元一八九一年）劉銘傳完成基隆到大稻埕之間的鐵路，這段鐵路全長二十八點六公里，沿線設有基隆、八堵、水返腳（現在的汐止）、南港、錫口（現在的松山）、大稻埕等站。

劉銘傳的先見與創舉，為臺灣鐵路發展奠定良好基礎，從此以後，火車逐漸奔馳在臺灣許許多多的地方。

▲ 臺北火車票房就在大稻埕，原址在現今鄭州路臺北市立中興醫院人行道上，後來由臺北市文獻會立碑紀念。

走訪劉銘傳

獅球嶺隧道位在基隆，在當地會看到「劉銘傳隧道」的指標，或許可說明劉銘傳與獅球嶺隧道間密不可分的關聯。

這座隧道前前後後歷經了兩年半的時間才完工，現在要參觀獅球嶺隧道，都會從北端的出口進入。如果走隧道南端出口，就會看到拱圈石壁上有「曠宇天開」四個字，這是劉銘傳在隧道完工後的題詞。

長谷川謹介與縱貫鐵道

明治四十四年（西元一九一一年）三月二十八日，梁啓超展開他短暫的遊臺之旅，他四月二日早上從臺北出發，由林獻堂親自陪同搭乘火車前往臺中，當天下午抵達臺中。然而如果不是三年前十月二十四日剛通車的縱貫線，梁啓超可能無法在滯臺短短十五天內，於臺北、臺中兩地盡興訪問與參觀，而林獻堂可能也沒有機會向梁請益日後與日人抗爭的路線。

▲ 日治明治四十一年十月二十四日縱貫鐵道通車典禮在臺中公園舉行，上圖是公園內非常著名的雙亭。

臺灣鐵路的發展肇始於劉銘傳，但是隨著清朝自顧不暇，鐵路只建了基隆到新竹便中斷。日本占領臺灣後，便將土地調查、築造港口與修建鐵路列為最重要的三項基礎工作。特別是鐵道，從原先的軍事考量，到成為開發臺灣經濟資源的命脈，更是刻不容緩。

因此，從最早的「臺灣鐵路線區司令部」，一直到明治三十二年（西元一八九九年）成立「鐵道部」，負責籌建全島鐵路。明治四十一年（西元一九〇八年）縱貫線鐵路終於全線通車，而其完工，最重要的功臣就是一路從技師當到鐵道部長的長谷川謹介。

▲ 長谷川謹介於明治三十九年（西元一九〇六年）擔任鐵道部長，上圖是位在打狗鐵道故事館內自日治時期留下來的木造辦公桌，可以看到「鐵道部」的烙印。

西元一八五五年，長谷川謹介出生於山口縣厚狹郡千崎村，在兄長的推介下，跟隨日本「鐵路之父」井上勝，進入鐵道寮工作，累積豐富的實務經驗，更有機會到歐洲考察。

後藤新平在臺灣縱貫鐵路預算案成立後，積極尋找技術官僚經營鐵路事業，在當時日本的鐵道主管推薦下，長谷川謹介於日治明治三十二年來到臺灣。

儘管沒有高人一等的學歷，但技術官僚出身的紮實經驗，加上務實的個性與任事積極嚴謹，他獲得兼任鐵道部部長的民政長官後藤新平的絕對信任。後藤曾說：「鐵路事務是全部交給長谷川君，我只不過負責蓋章而已。」

總督府鐵道部技師長
正四位勳三等長谷川謹介君

▲ 長谷川謹介的相片，刊載於明治三十八年九月二十三日《臺灣日日新報》第一版。

來到臺灣後，長谷川謹介隨即展開兩年多的路線探勘與測量。當時因為在軍事、經濟的急迫考量下，他採取所謂的「速成延長主義」。速成就是要在最短時間內完成，所以縱貫線的修築分四區同時進行，第一區由基隆、第二區由新竹、第三區由臺中、第四區由嘉義至高雄。後來縱貫線的完工時間比預定的十年提早一年，而且經費剩下約一百二十餘萬円；至於「延長」則是在有限的條件下，盡量增加里程與路線。

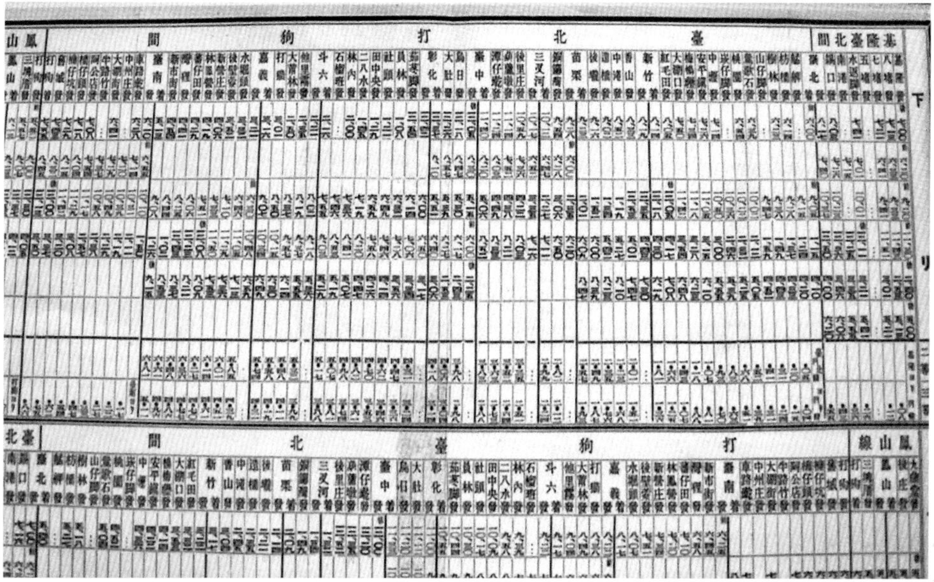

▲ 明治四十一年縱貫線鐵路通車時所印製的時刻表。　（筆者攝於打狗鐵道故事館）

▲ 在舊山線八號隧道口有後藤新平的題字——「潛行不窒」，似乎也象徵他對長谷川謹介的嘉勉。

在還沒有火車之前，臺北到高雄步行需要十天以上，這項艱鉅工程的完工，大大縮短臺灣南北兩地往來的時間。搭乘早上六點從臺北出發的第一班火車，抵達高雄是晚上七點五十五分，共計約十四小時，在當年已經是空前的革命。

有人以為日人的鐵道建設動機並不單純，但有趣的是，長谷川所完成的鐵道，卻促進了「臺灣一體」的認同感。筆者以為，我們在搭乘火車南來北往之際，心中至少懷著些許感恩，也是另一種審視的角度。

飯田豐二與下淡水溪鐵橋

臺灣南部最大的河流，舊名下淡水溪的高屏溪上，有一座曾經被稱作亞洲第一長橋的鐵路桁架橋。縱貫線鐵路於日治時期明治四十一年（西元一九〇八年）雖號稱全線通車，但實際上只通車至高雄，其原因就是受限於下淡水溪。

如今下淡水溪鐵橋已是二級古蹟中唯一的橋梁建築，它的設計監造最大功臣，是一位叫做飯田豐二的日本技師。

高屏溪因為河面非常寬廣，因此要建造跨越其上的橋梁，不僅經費非常龐大，工程更是艱鉅而充滿挑戰。這座橋梁歷經四年施工，終於在大正三年（西元一九一四年）落成，讓縱貫鐵路能夠向南延伸到屏東。

▲ 下淡水溪鐵橋讓縱貫鐵路能夠向南延伸到屏東，上圖是舊稱阿猴城的屏東舊城門。

當我們提到這座高難度大橋的完工，就不能不談及當時的日本技師飯田豐二。其兄耕一郎也是鐵路工程師，飯田豐二原本和他的哥哥要一起來臺灣，後來鐵道局發現兩人是兄弟，認為兩人若一同來臺灣，有較高的風險（當時日本人剛統治臺灣，臺灣人還經常發動許多武力抗爭）。但是飯田豐二卻勸阻哥哥，主動表達來臺的意願與決心。

生於明治六年（西元一八七三年）的飯田豐二，明治三十二年（西元一八九九年）來臺，受僱於總督府鐵道局，當時不過是一位二十幾歲的年輕人，隨即跟著投入臺灣縱貫鐵道的建設。值得一提的是，阿里山森林鐵道在評估之初，飯田豐二便主導了其鋪設的可行性，並主張採之字型的鐵道上山。

明治四十四年（西元一八九九年），飯田豐二奉總督府之命，主持下淡水溪鐵橋工程。下淡水溪鐵橋肩負聯通「阿猴城」（屏東市舊稱，在當時是前進南洋的前哨站，而其人口數及商業發展，比當時的高雄來得進步與繁榮）。更有甚者，其完工後所帶來的龐大製糖商業利益（將「阿猴製糖工廠」所產製的粗糖運至港口，再送回日本加工成精糖），恐怕是更重要的決定性因素。所以儘管下淡水溪鐵橋工程難度甚高，但是將縱貫鐵路延伸到屏東，對當時的總督府而言，可說是「事」在必行。

▲ 完工於日治時期大正三年（西元一九一四年）的下淡水溪鐵橋。

▲ 飯田豐二的紀念碑碑文，記載了飯田豐二為下淡水溪鐵橋鞠躬盡瘁的始末。

飯田豐二因為盡忠職守、積勞成疾，於鐵橋完成前一年的六月十日病死於臺南醫院，享年四十歲，來不及親眼目睹其監工的作品完成，令人不勝唏噓。

如今下淡水溪鐵橋已經功成身退，站在鐵橋一端，向另一頭望去，連續桁架構成了深邃的橋洞，引領人們遙想那埋首工作的飯田豐二身影……。

走訪飯田豐二

飯田豐二因爲盡忠職守、積勞成疾，於鐵橋完成的前一年病逝，現在在九曲堂車站旁立了一座紀念碑，來追悼這位將其人生青壯年精華歲月都奉獻給這座鐵橋的早逝工程師。

碑文中描述了明治四十四年（西元一九一一年）：「督府將築阿猴鐵路，擢君（飯田豐二）爲九曲堂派出所主任，以督工。」另外也提及下淡水溪之險惡與建橋之艱鉅——「下淡水溪河身宏闊，每歲霖雨之期，怒濤噬岸，奔流決堤⋯加之以鐵橋爲至難之工事，非尋常人所當也。」

謝文達與飛行

大正九年（民國九年，西元一九二〇年）十月十七日，一位青年駕駛飛機「新高號」，在臺中的練兵場飛行了四十五分鐘，是史上首次臺灣人在自己土地的天空上飛行。這不僅是這位少年郎志願的實踐，更是全臺灣人的驕傲與翱翔天際夢想的投射，這位青年叫做謝文達。

▲ 飛上天空是許多人的夢想，謝文達是臺灣人在這個夢想上的先驅。
（圖片來源：《臺灣空軍文化的立體世界》）

將近一百年前，那時候臺灣人幾乎連飛機都沒看過，更不用說搭乘飛機，至於駕駛機更是遙不可及。

謝文達是臺中豐原人，出生於西元一九〇一年，生下來似乎就註定與飛行結緣，那是人類追求飛行夢想實現的年代，兩年後，美國萊特兄弟正式駕駛飛機成功升空。

就在十六歲那年，謝文達目睹了一場飛行表演後，便立志成為一位飛行員，後來他果真成為臺灣第一位飛行員。只是一開始他的志向並未受到家人的支持，後來是因為他就讀的臺中中學校（現在的臺中一中）校長田川辰一展開遊說，謝文達才在中學畢業後，進入日本千葉縣下津田沼町的伊藤飛行學校。

▲ 謝文達曾就讀臺中中學校（現在的臺中一中），上圖是該校創校紀念碑。

隔年（大正九年），謝文達習藝成功返臺，選擇在自己家鄉臺中的練兵場，進行所謂的鄉土訪問飛行。大正九年十月十七日，他駕駛父親送他的「新高號」飛行了四十五分鐘，是史上首次臺灣人在自己土地的天空上飛行。連官方的《日日新報》也以「謝氏飛行大成功」為標題進行報導，頃刻間，臺灣全島颳起一股謝氏飛行旋風，後來，謝文達也在臺北進行了兩次飛行表演。

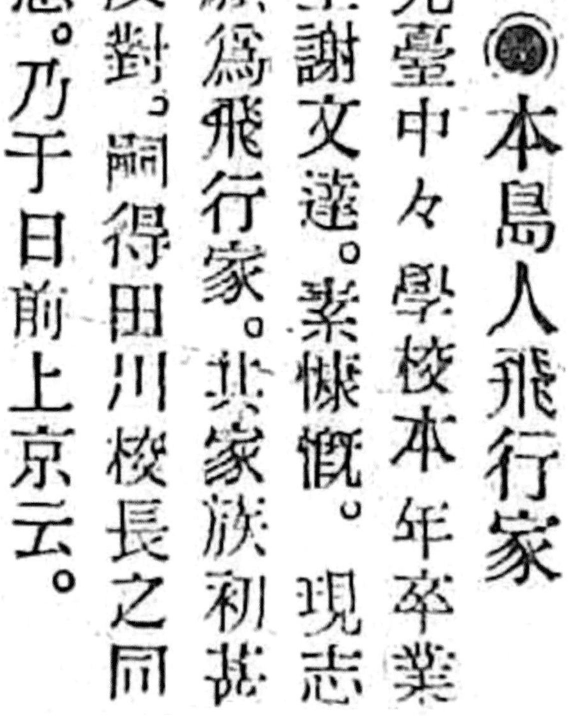

◉本島人飛行家

元臺中々學校本年卒業生謝文達。素慷慨。現志願爲飛行家。其家族初甚反對。嗣得田川校長之同意。乃于日前上京云。

▲ 身為第一個進入飛行學校的臺灣人，謝文達受到高度矚目，上圖是刊載於大正八年四月二十二日《日日新報》的報導。

◉謝氏飛行大成功　本島人飛行家謝文達氏。因臺灣新聞社及臺中有志後援。去十七日午前。在臺中練兵場。乘其携歸之新高號試爲飛行。七時二十七分離陸。低旋會場一週。機乃漸飛漸高。廻環市上。次飛向葫蘆墩方面。爲故鄉訪問。八時五分。其飛甚遠而高。旋不見影。及由海岸歸。出沒雲中。時隱時見。既而漸降而下。飛繞會場兩週。八時十八分著陸。謝氏元氣壯旺。毫無疲倦之狀。金子市尹及重要人士。多進而與氏握手道賀。草野地方課長令孃捧與臺北市有志所贈之大花環。於是撮影紀念。三唱萬歲而散。是日最高飛行約千米突。飛行時刻約四十一分。入場者金子市尹外紳商及臺中彰化葫蘆墩各校生徒等約五千人。又稻江有志亦派代表前往。贈與大花環云。

▲ 大正九年十月十七日《日日新報》關於謝文達在臺中飛行表演的報導。

說來奇怪，對臺灣人來說，謝的壯舉讓臺灣人感到揚眉吐氣是理所當然，但對日本當局而言，竟然也非常重視他的成就，或許是想要將之轉化成殖民地教化成功的樣板。因此，當臺灣全島發起成立謝文達的後援會，成員也包含日本的朝野官紳。後援會發起一場募款活動，總共募得兩萬五千四百五十四元。這筆款項向日本伊藤飛行製作所購置的一架三座位式飛機，命名為「臺北號」，致贈給謝文達。

大正十年一月，由林獻堂領銜，臺灣新民會與日本留學生發起首次臺灣議會設置請願，兩年後的三月十日，配合第三次臺灣議會設置請願，為了喚起更多日本人的注意，謝文達駕駛「臺北號」在東京上空拋下數十萬張印有「給臺灣人議會吧！」等字樣的傳單。

別具意義的是，他的爺爺謝道隆（具備文采，通曉醫術，和丘逢甲亦師亦友）在乙未之戰中，擔任義軍十營誠字正中營統領。謝文達的舉措，可說是用另一種方式，某種程度的承襲了祖父志業。

這樣的舉措當然達到了宣傳效果，但是對當時日本統治當局，無疑是莫大的羞辱，被激怒的統治者，從此對謝文達展開了打壓。為了自保，謝潛逃到中國（當時中國被視為臺灣的祖國），投效中國空軍。

退役後從商，仍參加「廣東臺灣革命青年團」的抗日運動。一直到戰後（民國三十四年）才返臺，擔任臺灣省議會專門委員達十七年。

庶民新生活

馬偕與臺灣醫學

清同治十一年（西元一八七二年）三月九日，一艘來自打狗（即今高雄）的輪船，開到淡水河口。一位二十八歲傳教士下船登上小山向南望去，他的耳邊彷彿傳來上帝的聲音，告訴他：「就是這裡」。從此他和臺灣結下不解之緣，不只在臺灣傳教，更娶了漢人，對於臺灣西式教育與醫學的萌芽更是貢獻卓著，連死後也葬在臺灣，這位傳教士就是馬偕牧師。

▲ 為了紀念馬偕，淡水偕醫館及禮拜堂前的街道被命名為「馬偕街」。

馬偕一八四四年出生於加拿大安大略省，在加拿大修完大學及神學教育後，二十七歲時離開家鄉，原本要到中國傳教，但因為輾轉得知臺灣北部未曾有過宣教士到此，所以最後選擇了淡水作為他為臺灣奉獻的起點。

那時候的臺灣雖然陸續開港對外通商，但社會還是非常封閉，尤其是來自外國的傳教士更是不被接受。所以對馬偕來說，要克服的困難很多，像是語言不通、基督教不被認同，衛生、交通、治安等條件也都很差。

▲ 在淡水街頭的馬偕雕像，馬偕因為留著黑色的長鬍鬚，一度被臺灣人取了「黑鬚番」的綽號。

▲ 馬偕的全家合照。

（筆者翻攝於偕醫館）

或許是為了臺灣人對他的認同，他在來臺灣五個月後就學會閩南語來傳道，並且穿著漢服，而且馬偕也娶了漢人。他育有兩女一子，大女兒和二女兒後來也都嫁給臺灣人，兒子叡廉返英學醫，後來又回到臺灣，繼續父親從事醫療宣教的志業。

很多人描述馬偕是「一手拿聖經，一

手拿拔牙鉗子」。他出名的醫療技術就是替人拔牙，在他對臺灣的回憶錄一書中，提到他曾和他的幾個學生，在一個小時內拔了一百顆牙。

關於他的拔牙行醫有幾件特別的事例：他第一次在臺灣為人拔牙，是一位奉命看守他的士兵；被他拔牙的病人都是站著，因為這樣效率比較高；有人的齲齒被拔掉後，高興得向馬偕下跪感謝；他也到臺灣東部偏遠的原住民地區服務，發現菸草和檳榔是原住民牙齒的最大殺手。

▲ 馬偕和他的學生為民眾拔牙。（筆者翻攝於偕醫館）

除了拔牙，馬偕對於當時肆虐的瘧疾，也有深刻的體驗與觀察，他自己也曾感染過。為了對抗這種疾病，他也推展公共衛生的觀念，並且從外國引進「奎寧」。他把奎寧藥水分裝在小瓶子內，再免費送給病人。因為藥效神奇，臺灣人都把它稱為「馬偕的白藥水」。

馬偕並沒有受過正規的醫學教育，但是透過他走遍許多地方的行醫和傳教行腳，讓當時臺灣的漢人、原住民對西方醫學觀念開始有很大的轉變。後來馬偕於西元一八七九年九月十四日在淡水建立偕醫館，陸續有更多外國醫生以及他的學生加入醫療救人的行列。

西元一九〇一年六月二日馬偕因喉癌病逝於淡水，但是他「寧為燒盡、不願腐鏽」的精神，卻讓更多有志一同的人，追隨他在臺灣行醫的腳步。

▲《福爾摩沙紀事》（*From Far Formosa*）是馬偕的臺灣回憶錄。（筆者翻攝）

走訪馬偕

滬尾偕醫館經費來自一位住在美國底特律的馬偕夫人捐助，爲了紀念她的先生馬偕船長，所以取名偕醫館。偕醫館是臺灣北部第一家西式診所，也是馬偕的住處。建築本身具備中西合璧的特色，屋身爲閩南式，但門窗皆爲西式風格。醫館不僅造福淡水的居民，在中法戰爭期間也救治了許多傷兵。

巴爾頓、濱野彌四郎與自來水

臺灣早期人們生活中所需要的用水，主要是靠住家附近的河流、池塘，後來進步到鑿井取水，一直到日治時期淡水地區開始首次有自來水供應，到後來日漸普及。爲臺灣的潔淨自來水供應與公共衛生奠定良好基礎的人，則是一位叫做巴爾頓的英國人以及他的學生濱野彌四郎。

▲ 在自來水未普及前，人們為了解決用水問題，鑿井取水應該是最進步且便利的方式之一。圖為鹿港瑤林街的「半邊井」。

以前的人喝水，可不像現在的人那麼容易，更因為缺乏乾淨的飲用水與公共衛生工程，導致各種傳染病的流行，像是瘧疾、霍亂等，國民的平均壽命也都不長。

西元一八九五年日本人剛登陸臺灣的時候，除了受到臺灣義勇軍抵抗之外，所面臨的最大難題就是在臺灣肆虐的傳染病，不只一般士兵，甚至連近衛師團長北白川宮能久親王，也是感染瘧疾而身亡。而這也成了後來日本人統治臺灣急於進行衛生條件改善的原因之一，而衛生條件的改善與提供潔淨的飲水、良好的汙水處理系統關係最為密切。

英國人巴爾頓原來在日本內務省衛生局顧問技師單位任職，在日本治理臺灣的隔年，接受臺灣總督府的衛生工程監督工作聘約，並且帶著他的學生濱野彌四郎當助手與翻譯。

來到臺灣後，他們即刻展開臺灣北部衛生調查的基礎工作，而淡水的自來水道於日治時期明治三十二年（西元一八九九年）完成，就是巴爾頓第一個在臺灣完成的自來水供應系統，也讓臺灣人終於喝到第一口乾淨的自來水。

▲ 巴爾頓（William Kinnimond Burton）不僅精於自來水道設計，也擅長都市規劃，現在臺中市的舊市區，呈現棋盤式街道規劃，就是出自他的設計。　（取自維基百科。The Life and Legacy of William Kinnemond Burton）

巴爾頓致力於飲用水衛生改善的目的，就是希望遏止傳染病在臺灣的擴散，不料明治三十二年（西元一八九九年）八月巴爾頓卻在臺南調查途中感染瘧疾、赤痢，不久便病逝東京。巴爾頓未能完成臺灣自來水供應的工作，卻由他的學生濱野彌四郎繼續接任，進而發揚光大。

濱野彌四郎（一八六九年－一九三二年）是千葉縣人，就讀東京帝國大學工學部土木學科時師事巴爾頓。從日治時期明治二十九年（西元一八九六年）八月來臺，長期擔任總督府土木部技師。

他提出了先進的衛生工程觀念與設計，為了完成各地上、下水道的工程規劃，足跡可說踏遍全臺進行探勘。濱野在臺灣二十三年，完成了臺北、士林、草山、彰化、打狗、臺中、臺南、嘉義、斗六、大甲、花蓮港等主要市街的自來水道工程。

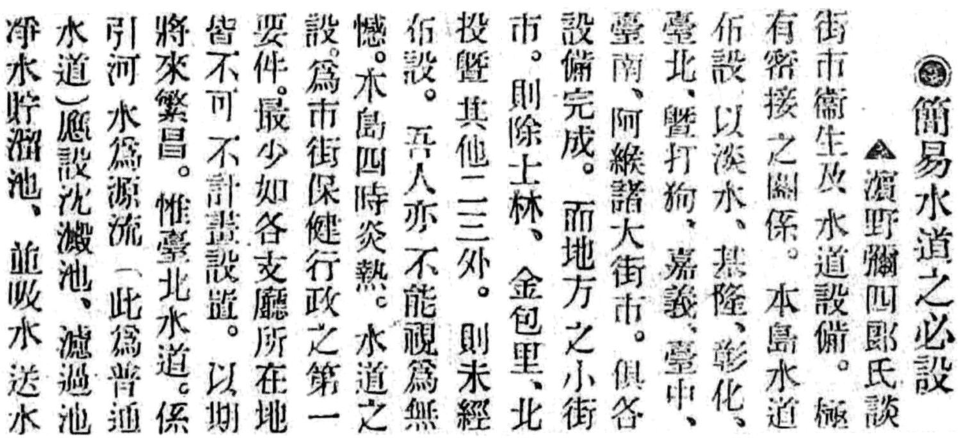
◎簡易水道之必設
△濱野彌四郎氏談
街市衛生及水道設備。極有密接之關係。本島水道佈設。以淡水、基隆、彰化、臺北、暨打狗、嘉義、臺中、臺南、阿緱諸大街市。俱各設備完成。而地方之小街市。則除士林、金包里、北投暨其他二三外。則未經佈設。吾人亦不能視爲無憾。本島四時炎熱。水道之設。爲市街保健行政之第一要件。最少如各支廳所在地皆不可不計畫設置。以期將來繁昌。惟臺北水道。係引河水爲源流（此爲普通水道）應設沈澱池、濾過池淨水貯溜池、並吸水送水

▲ 濱野彌四郎在《臺灣日日新報》上發表他對臺灣簡易水道的想法與規劃。
（取自大正五年八月十六日《臺灣日日新報》）

曾經以為把水龍頭打開就有自來水，好像是天經地義的事，看完巴爾頓與濱野彌四郎的故事，才更加珍惜這份得來不易的便利。

▲ 由濱野彌四郎主持興建的「原臺南水道」淨水廠設施。

走訪濱野彌四郎

在臺南市山上區的淨水廠，也就是「原臺南水道」，是改善當年臺南地區居民飲用水的自來水工程，由濱野彌四郎從一九一二年開始主持興建。在水源地大門旁有紀念濱野彌四郎的碑座及銅像，碑座上有銅牌，紀錄了他對臺灣自來水及衛生工作的貢獻。特別的是，原來的銅像被拆除，民國九十三年（西元二〇〇四年）底，奇美實業董事長許文龍先生親自重塑銅像，並在隔年安置完成。

張星賢與奧運

四年一次的奧林匹克運動會，是全世界最重要的運動賽事，每到奧運期間，媒體爭相報導，總是吸引人們的目光，並爲自己國家的選手加油。但是你有沒有想過，臺灣人在這項體育盛會中，經歷怎樣的過程？就讓我們從第一位參加奧運的臺灣人——張星賢開始說起。

昭和七年（民國二十一年，西元一九三二年）美國洛杉磯舉行第十屆夏季奧運。在那個資訊不發達的年代，洛杉磯又是如此遙遠，原本這項運動會不應該和臺灣有多大關聯，但是因為一位叫做張星賢的二十三歲臺灣青年，讓情況大大改變。

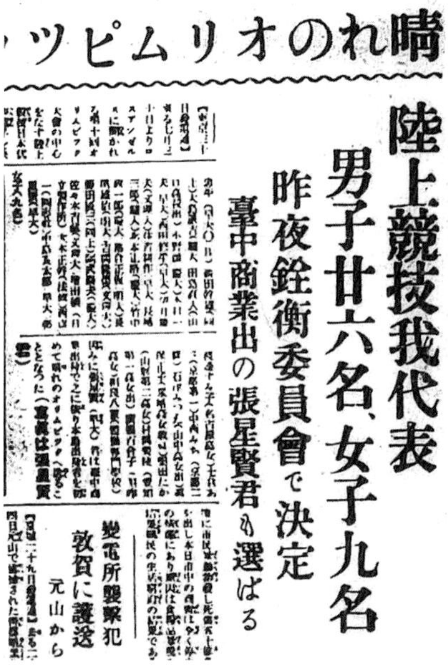
晴れのオリムピツ

陸上競技我代表

男子廿六名、女子九名

昨夜銓衡委員會で決定

臺中商業出の張星賢君も選ばる

變電所襲撃犯

敦賀に護送

元山から

▲ 昭和七年（民國二十一年，西元一九三二年）五月三十一日的《臺灣日日新報》，報導張星賢入選洛杉磯奧運選手。

七月三十一日下午兩點半，他代表日本參加四百公尺中欄，成為參加奧運的第一位臺灣人。儘管他在比賽中連複賽都未晉級，對他來講或許有小小的遺憾，但是卻突破了臺灣人過去在奧運缺席的障礙，也在某種程度上開啓臺灣人對運動參與的熱情。

張星賢是臺中龍井人，出生於日治時期明治四十二年（西元一九〇九年），他從小與生俱來的運動天賦，剛好趕上「運動」觀念開始在臺灣萌芽的階段。國小階段就被日籍教練發掘去踢足球，之後就讀州立臺中商業學校（現在的國立臺中科技大學），期間就代表臺中州參加全臺灣的比賽，在三級跳的比賽中無人能敵。

▲ 張星賢曾經就讀的州立臺中商業學校（國立臺中科技大學的前身）。

後來在友人的介紹下，他於昭和六年（民國二十年，西元一九三一年）進入早稻田大學就讀。早稻田大學是日本現代運動的發源地，而且培養了許多日本早期很有成就的運動員。能進入這所大學，對他來講也可說是美夢成真，同時也為他敲開參加奧運的大門。

然而獨自在異鄉打拚以及生活費、學費等負擔，也是他所要面對的難題，所幸有當時旅日成功商人楊肇嘉（臺中清水人，後來擔任臺灣省民政廳長）的資助，讓他得以無後顧之憂。

張星賢君
競走新記錄
十九日路斯安熱斯發·臺灣出身張星賢選手·三百米以三十五秒六走破。出新記錄

▲ 張星賢屢次在各項田徑比賽中打破紀錄。
（取自昭和七年的《臺灣日日新報》報導）

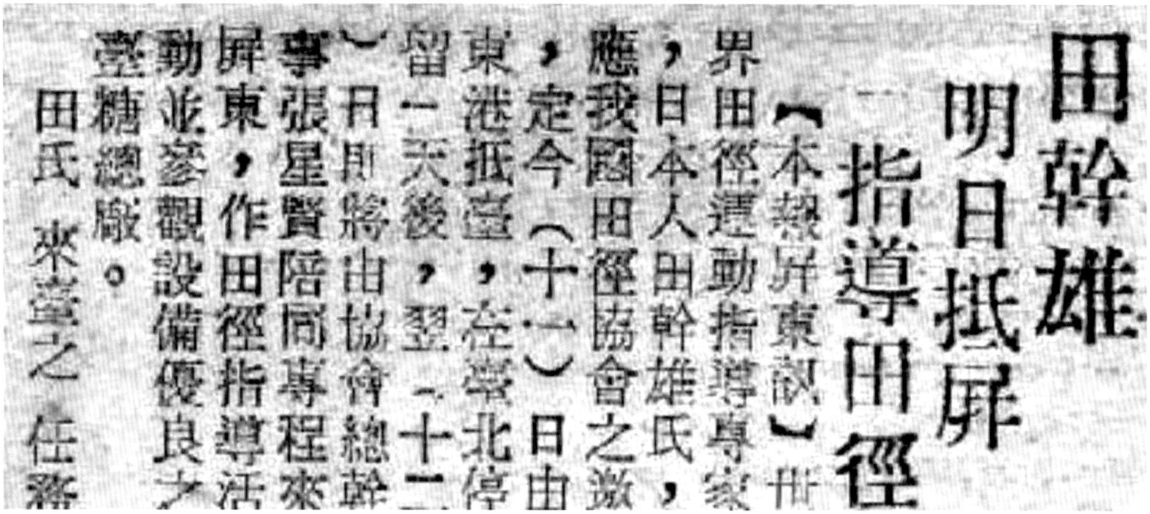

田幹雄
明日抵屏
指導田徑

（本報屏東訊）世界田徑運動指導專家，日本人田幹雄氏，應我國田徑協會之邀，定今（十二）日由東港抵臺，在臺北停留一天後，翌（十三）日即將由協會總幹事張星賢陪同專程來屏東，作田徑指導活動並參觀設備優良之臺糖總廠。

田氏 來臺之 任務

▲ 田幹雄應邀前來臺灣，田幹雄是張星賢就讀早稻田大學時結識的好友。

（取自民國四十七年三月十一日《臺灣民聲日報》）

早大畢業（昭和九年，民國二十三年）後，張星賢到滿州鐵道株式會社工作，也代表滿州國參加各項體育競賽。一直到民國三十五年五月，他和家人返回臺灣，並且進入臺中師範學校（臺中教育大學前身）擔任訓導主任的工作。

有感於臺灣的運動推展需要具有正式組織與活動，他和幾位志同道合的人發起臺灣省體育會，也肩負起籌畫第一屆臺灣省運動會。之後也擔任培育臺灣田徑界後起之秀的工作，曾經在奧運田徑摘銀穿銅的選手楊傳廣與紀政，都接受過張星賢的指導。

此外，張星賢也將他早年就讀早稻田大學時所累積的日本田徑界資源和人脈引進臺灣，像是日本前奧運金牌得主田幹雄，就曾應邀前來指導臺灣的田徑選手。

客籍作家龍瑛宗和張星賢曾是同事，他在一篇散文中，回憶吳三連曾公開提及日治後期臺灣人已經難以和日本做武力對峙，但是張星賢卻能在運動場上和日本人抗衡。

張星賢不僅是第一位參加奧運的華人，他的一生可說是臺灣田徑界和運動界早期歷史縮影。

▲ 張星賢（左二）參加明治神宮競技大會。（筆者翻攝）

王金河與烏腳病

烏腳病又名「烏乾蛇」，是因爲患者喝到含「砷」的地下水，導致患者末梢動脈血管硬化，引發腳部變黑而疽壞。民國四、五十年，烏腳病大規模盛行，臺南的北門、將軍一帶，更是首當其衝。

被烏腳病啃噬的患者，身心備受煎熬，多數病患家中經濟更是拮据。家鄉在北門的王金河醫師看到這一切，毅然終生投入解救北門鄉親及烏腳病患，也因此他被尊稱爲「烏腳病人之父」。

▲ 王金河醫師在紀錄片中談及他對烏腳病人的不捨。

民國初年，隨著人口逐漸增加，臺灣沿海一帶居民鑿井取水，由於原先的淺水井逐漸被鹽化，因此改為鑿取更深層的地下水，卻也因此飲用了被砷汙染的水。

對許多烏腳病患者來說，身體的痛固然難以忍受，心理的折磨更是有過之而無不及，而且伴隨終生。早年民風閉塞，烏腳病甚至被訛傳為鬼魂附身所致、是一種傳染疾病等，甚至慘遭家人遺棄，截肢後難以維生，更有不少人因而自殺結束一生。

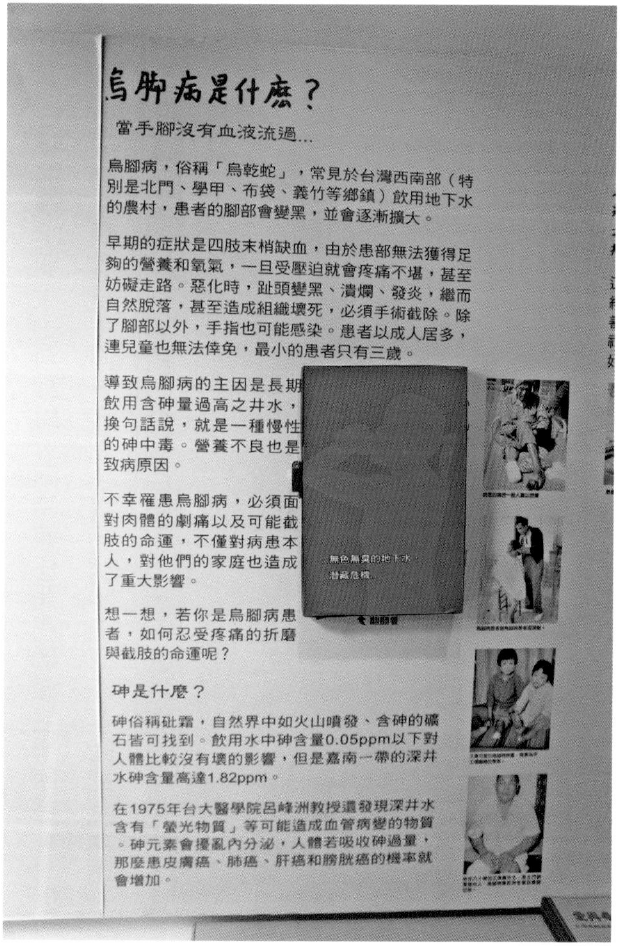

▲「臺灣烏腳病醫療紀念館」關於烏腳病的解說。

王金河醫師是土生土長的北門子弟，年輕時赴日本就讀東京醫專，日治時期昭和十八年（民國三十二年，西元一九四三年）在戰火中返臺，隔年他便返鄉開業，開設金河診所，同時兼任北門鄉衛生所所長。

回到故鄉北門的王金河，看到「烏腳病」如何在當時蹂躪北門一帶的鄉民。王金河身兼當地法醫，親眼目睹不少患者因為貧窮、生病、痛楚、自卑的糾纏，上吊結束一生。促使他下定決心，投身解救「烏腳病」病患。

民國四十九年，王金河得到基督教芥菜種會的協助，成立烏腳病患的免費診所，他早上在自己的診所工作，下午就到免費診所看病。由於病患愈來愈多，民國五十二年，另外又新建了免費診所，提供更完備的醫療。

他視病如親，不只醫治，還背負行動不便的病患，治療發臭長蛆的傷口，一點也不以為忤，甚至為他們擦澡、清理大小便。而篤信基督教的王醫師，也引進宗教的資源與活動，讓這些患者得到身心靈的全面照顧。

除了投入醫療工作，還要想辦法尋求其他醫療資源與經費資助。為了解決病患日後的生計，他四處奔走，最終於民國五十一年成立了「烏腳病患手工藝生產中心」，由夫人毛碧梅女士經營，前後共計十七個年頭。

▲ 芥菜種會的免費診所完成階段性任務，於民國七十三年畫下休止符。

隨著政府的介入與接手，烏腳病逐漸被控制，病患也日益減少，金河診所則持續到民國八十四年才停止看診，高齡八十的王醫師在子女的不捨與叨念下，才放下超過五十年的行醫義行與重擔。王金河醫師於民國一〇三年三月十三日辭世，享壽九十八歲，結束他發光發熱的一生。

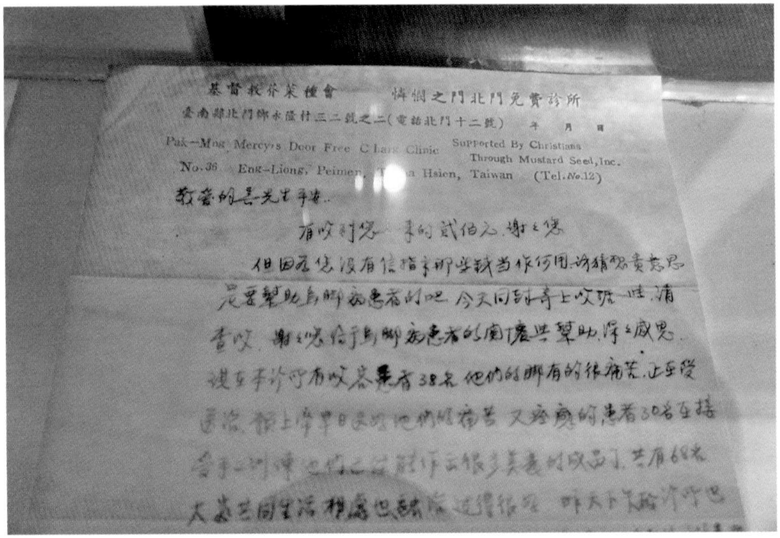

▲ 王金河醫師對捐款人的親筆感謝信。

走訪王金河

位於臺南市北門區永隆里二十七號的「臺灣烏腳病醫療紀念館」，其主體建築是一幢日式平房，這裡曾經是王醫師夫婦與九個孩子生活的地方。在這裡可以看到「烏腳病」如何在多年前蹂躪北門一帶的鄉民，教人不捨，更因爲王金河醫師等人的大愛與付出，重拾對人性良善的溫暖與信心。走出紀念館，北門的海風在耳邊呼嘯肆虐，但是紀錄片中王金河醫師的溫厚談話，令人感到盈盈的暖意……。

農業新技術

瑠公圳原址

郭錫瑠與瑠公圳

臺北市的景美區的地名由來，和一條興建於兩百多年前的水圳有關。景美地名是由「梘尾」而來，「梘」是「ㄇ」字型的水槽，作爲水圳過河或跨越山谷的用途，因此也有人稱之爲「水笕」或「木梘」，這條水圳則叫做「瑠公圳」。

▲ 清代瑠公圳的木笕橋。（筆者翻攝）

根據統計，臺灣三、四百年來所開發的水圳，可說是臺灣早期開發過程中，一頁非常重要的歷史。「瑠公圳」就是早年對臺灣北部農業與開發，具有舉足輕重影響的一條水圳。

「瑠公」是指郭錫瑠，生於清朝康熙四十四年（西元一七〇五年），福建漳州人，年幼的時候跟隨父親移民至臺灣，一開始居住在彰化。乾隆元年（西元一七三六年）偕同漳州族人從彰化北上開墾，在臺北中崙庄落腳。

其家族開發的興雅庄（位於今松山區的臺鐵臺北機廠、松山菸廠及信義區）一帶，因為欠缺灌溉水源，導致農作物一直收成不好，所以有了開發灌溉水圳的構想。於是，郭錫瑠開始探勘可用的水源，以及進行地形的調查，決定自新店溪引水。他打算從遠自十數公里的新店溪青潭源頭，引水至中崙附近的錫口（今松山）興雅庄。

▲ 臺大校區內的瑠公圳水源地。

▲ 郭錫瑠先生。　　（筆者翻攝）

乾隆五年（西元一七四〇年）瑠公圳開始動工，由於當年沒有機具設備，缺乏測量工具，圳路沿途地形險要，且引水源頭深入山區，水圳的開發常與原住民發生衝突，因此築圳的過程非常艱辛。

早年青潭一帶的主要住民是平埔族秀朗社原住民，也有泰雅族原住民，因此在開發水圳過程中，侵犯了原住民的土地利益。瑠公想了一個辦法，他找到地勢較高的地方建了一座「鼓亭」，派人輪流在鼓亭上瞭望守衛，若發現有原住民的動靜，就鳴鼓警告工作中的漢人，這也是古亭地名的由來。

▲ 日治時期的瑠公圳引水閘門。（筆者翻攝）

儘管如此，每次有爭執發生，雙方還是曾造成不少死傷，為了水圳開發順利，並減少雙方衝突，郭錫瑠可說費盡心思。他特別娶了原住民公主潘氏，並大量僱用原住民參與開鑿水圳的工作和擔任他的隨身護衛。後來，雙方的衝突果真慢慢減少。

這項水圳計畫在歷經十三年的開發下，郭錫瑠也把他的家產全部散盡，所幸，天無絕人之路，在大坪林的墾戶因為缺乏灌溉水源，該地區五庄的墾戶共同出資，終於在乾隆二十七年整條圳路系統鑿通，前後總共花費二十二年的時間。

瑠公圳（我們現在講的瑠公圳，其實包含霧里薛圳、原瑠公圳與大坪林圳）曾是臺北盆地早期重要的灌溉水圳，對於當時臺北人們的農業與生活有著舉足輕重的功用。

▲ 在臺北捷運七張站附近的瑠公圳。

但是歷經長時間的社會生活型態改變，與人們曾經不當的「進步」觀念，瑠公圳一度淹沒在都市叢林中。可喜的是，臺灣大學在民國九十二年，執行了「瑠公圳臺大段親水空間復育計畫」，讓這條古老水圳的部分面貌能夠重新再現。

走訪瑠公圳

位在臺灣大學新生南路靠近運動場旁，有一座「瑠公圳原址」紀念碑。碑文記載現在的羅斯福路與新生南北路，過去都是瑠公圳的圳路，後來都因爲都市發展而被加蓋成爲道路。

岡田安久次郎與獅子頭圳

水圳的興築，在臺灣開發過程中，占有一頁非常重要的歷史。這些水圳，使得臺灣許多原本乾旱而難以耕作的農地，獲得了源源不絕的水源；農人與農業收成也逐漸脫離原本的「看天吃飯」與「看天田」。

高雄美濃地區獅子頭圳的開發，造就了美濃的農業，特別是菸葉的生產。這條獅子頭圳與一位日本人岡田安久次郎有著重要關係，在圳路上還有一座非常特別的橋梁——美濃水橋。

▲ 獅子頭圳是美濃地區非常重要的水圳，圖為護岸經過整修的獅子頭圳。

美濃地區的水圳開發可以遠溯到清朝乾隆年間，歷經清朝的私設埤圳時代，到了日治時期因為官設埤圳時代的來臨，其水圳的發展進入另一個階段，特別是獅子頭圳的開闢，對於美濃的影響更是深遠。

獅子頭圳與竹門電廠有著密切關聯，獅子頭圳在竹門電廠於明治四十二年（西元一九〇九年）完工後，開始整合與改築原先的圳路。原先的取水源頭被移至荖濃溪更上游之處，以利竹門電廠利用水位的高低落差進行發電。

▲ 位在竹子門發電廠外的獅子頭圳源頭，水源來自發電後的「尾水」。

▲ 水德宮的前身是日治時期的水神宮。

如今在竹子門發電廠入口前，有一座「代天巡狩水德宮」。這座水德宮的前身是日治時期的水神宮，竹門電廠與獅子頭圳相繼完工後，電廠員工和居民有感於神祇的保佑而創立，並且合祀水神與水利有功者。儘管歷經改朝換代，該地區的人們對於水利的重視，以及對水信仰文化的高度虔敬，仍從未改變。曾經任職於「獅子頭水利組合」的岡田安久次郎紀念石碑，也被保留下來，碑文內容如下：

岡田安久次郎君埼玉縣人也，明治二十二年如東都，修業於小田原工手學校，歷任埼玉縣及橫濱市吏員後，明治四十四年渡臺，奉職於臺灣總督府土木部，尋入官設獅子頭水利組合。大正十年爲書記兼技手，大正十五年昇進組合理事，昭和六年任命初代組合長不久，便卒於同年八月一日，享年六十六歲。此間十有六年，精勵職務貢獻良多，一同相茲，建碑以表其功績云爾，昭和九年四月十日。

從碑文以及根據昭和十三年（民國二十七年，西元一九三八年）出版的美濃庄要覽的記載，岡田安久次郎來臺的時間有二十二年，在獅子頭水利組合服務十六年。

走在美濃水橋上，想起石碑上的記載，雖然他們都是日本人，也或許是銜上級之命進行這些工程，但是他們對於臺灣這塊土地曾有過真真實實的貢獻，至於其「日籍」的身分，反倒成了臺人對他們懷念的加分籌碼。

▲ 岡田安久次郎君紀念石碑。

走訪岡田安久次郎

岡田安久次郎也是美濃水橋的設計者，水橋位於美濃溪的下庄河段，此一水利工程是爲了使獅子頭圳第二幹線圳路跨越美濃溪所建，水圳由南向北經由空中流過。

最早的水橋是木製的「水覓」，但因木頭不耐圳水長期沖刷，於是在日治大正十五年（民國十五年，西元一九二六年）開始興建鋼筋水泥的水橋，水橋的設計比一般陸橋複雜困難，經過兩年多的施工，到了昭和三年（民國十七年，西元一九二八年）才竣工。

臺灣紅茶之父——新井耕吉郎

進入到二十一世紀的今天，臺灣人在早餐或午後喝杯紅茶、咖啡，似乎已經蔚爲風潮。啜飲這些來自西方的飲料，總讓人有某種置身異國的感覺，但是實際上，臺灣早在百年以前就是咖啡和紅茶的產地，特別是後者，還曾經有過一段輝煌的歷史。

而這一切與一位日治大正十五年（民國十五年）來到臺灣的日本農業專家新井耕吉郎先生，有著非常重要的關聯。

▲ 從臺十四線進入日月潭，在魚池一帶很容易看到山坡上的紅茶樹。

紅茶在日治時期曾是臺灣農產外銷要角之一，而日月潭更是臺灣紅茶的發源地與最主要的產區。現在我們如果從臺十四線進入日月潭，在魚池一帶就很容易看到一個個寫著「魚池紅茶」、「阿薩姆紅茶」的招牌，讓人很難不聯想到這裡就是臺灣紅茶的故鄉。

臺灣紅茶的生產可追溯至一百年前，日本人於日治大正十四年（民國十四年，西元一九二五年）自印度引進阿薩姆紅茶，並選擇魚池、埔里一帶種植。魚池一帶因為氣候、地形條件與原產地相同，加上日月潭氤氳的水氣，其所生產的紅茶品質更勝一籌，更成為日本人向天皇進貢的「御用珍品」。據說後來外銷各地的紅茶，都必須加入魚池的紅茶，才能滿足消費者的嘴巴魚池也漸漸地成為「紅茶的故鄉」。

▲ 猫囒山是俯瞰日月潭的最佳地點，更是是臺灣紅茶的發源地之一。

新井耕吉郎是日本群馬縣人，二十二歲時（當年為日治大正十五年）從日本來到臺灣，任職於臺灣總督府中央研究所平鎮茶葉試驗支所，也從此揭開他與臺灣紅茶產業不解之緣的序幕。

隨著臺灣紅茶的品質與身價日漸水漲船高，而且為日本人賺取大量外匯，新井也參與昭和十一年（民國二十五年，西元一九三六年）選定魚池鄉日月潭一帶為紅茶的試驗地，總督府並成立魚池紅茶試驗支所，其後到昭和十五年（民國

▲ 猫囒山腳下的紅茶試驗所員工舊宿舍。

二十九年）之間，新井輾轉在平鎮與魚池兩個支所間任職，後於昭和十五年升任支所所長。

新井對於臺灣紅茶的種植與試驗工作可謂鞠躬盡瘁，那時日月潭一帶尚待開發，環境及衛生條件都不好。他的兩個孩子分別在一歲與十五歲夭折，妻子身故，但他仍強忍悲痛，打造日後魚池鄉的紅茶盛名。

▲ 猫囒山是日人紅茶試驗的大本營，新井耕吉郎也被稱為猫囒山的守護神，圖為建於日治時期的猫囒山魚池紅茶試驗支所。

日人戰敗後，新井不願接受遣返，留在臺灣繼續貢獻，民國三十六年因感染瘧疾去世。更令人不忍的是，親屬攜其骨灰返回日本，所搭乘的輪船竟在半途沉沒。由於人生最重要的歲月都奉獻給臺灣的紅茶產業，因此新井被尊稱為「臺灣紅茶之父」。

如今每有機會喝紅茶，在琥珀紅的茶湯中，彷彿看到他在**猫囒**山上走動的身影。

走訪新井耕吉郎

在臺二十一線往水社碼頭的半路上，有一條通往猫囒山的小路，循著這條小路可以前往農委會茶改場魚池分場（日治時期的魚池紅茶試驗支所爲其前身），在一個轉彎處有一座小涼亭下，就可看到新井耕吉郎先生的紀念碑。這座紀念碑是首任茶葉試驗所魚池試驗支所所長陳爲禎所立，以紀念與感懷這位人生最重要歲月都奉獻給臺灣紅茶產業的新井耕吉郎。

磯永吉與蓬萊米

「吃飯了」、「吃飽了沒」，這幾句是人們在日常生活中很常聽到的話語，至於筆者，只要兩餐沒吃到飯，就渾身不自在。飯當然是指那煮熟的米粒，現在我們吃的飯，幾乎都是偏向黏Q的蓬萊米，這個在現代臺灣人生活中有著重要地位的稻米品種，卻是一位叫做磯永吉的日本人培植出來的。

高等農林學校
作業室
臺灣蓬萊米的誕生地
本建物建於 1925 年 02 月 28 日，係日治時期臺北帝國大學前身「高等農林學校」之作業室，前臺北帝國大學日籍教授、人稱「臺灣蓬萊米之父」的磯　永吉博士，曾在此進行選育蓬萊米品種之相關研究。光復後交由臺灣大學農藝系使用至今，並於 2009 年 07 月 28 日經臺北市政府文化局公告為直轄市定古蹟。
Dr. Eikichi Iso
Workshop of Advanced Academy of Agronomy and Forestry
---Incubator of Taiwan Ponlai Rice
This building was built on Feb 28, 1925, when Taiwan was under Japanese colonial rule, and was the workshop of the Advanced Academy of Agronomy and Forestry (the predecessor of Taihoku Imperial University). Dr. Eikichi Iso, a former professor of Taihoku Imperial University and also the "Father of Taiwanese Japonica rice (Ponlai Rice)," worked in this building when breeding and selecting Japonica rice varieties. This building is designated as a municipal historic site by the Department of Cultural Affairs, Taipei City Government on July 28, 2009.
▲ 米粒比較短圓，吃起來偏向黏Q的蓬萊米，是臺灣人現在最重要的米飯來源。

日治時期大正十五年（民國十五年，西元一九二六年）四月二十四日，在鐵道旅館所舉行的米穀大會上，「蓬萊米」的名稱正式產生，這個名稱成了所有「內地」（日本）種源、臺灣種植的稻米統稱。這些新品種稻米的培育，原本是為了解決「內地」與在臺日人對臺灣在來米口感的不習慣，卻也因此帶來臺灣人日後對米飯口感與氣味的永久改變，而蓬萊米背後最重要的推手就是磯永吉。

廣島出生的磯永吉在日治大正元年（民國元年，西元一九一二年）來到臺灣，任職於臺灣總督府的農業試驗場，負責稻米等作物品種的改良。由於稻米在育種過程中，常常因為環境難以控制，所以有雜交情況發生，導致品質難以穩定，因此必須尋找一個適當的育種基地。

在一次攀登七星山的過程中，他和友人發現竹子湖是一個具有封閉特性，且氣候條件與日本相仿的絕佳環境，也因此這個現在以盛產海芋聞名的風景區，在彼時成了臺灣蓬萊米育種的大本營。國民政府來臺後，磯永吉因為對於臺灣農業的卓著貢獻，獲得特別允許留在臺灣，繼續從事與協助農業相關研究及擔任技術顧問。

▲ 竹子湖海芋的名氣，已經掩蓋這裡曾是蓬萊米育種基地的事蹟。

民國四十六年，磯永吉七十一歲退休返回日本定居。他在臺灣的時間前後長達四十六年，對於臺灣的稻米與農業的影響巨大而深遠，離臺歸國之際，臺灣省農會暨二十二縣市局、三一七鄉鎮農會送給他這樣的歡送之辭：「農民導師，神農遺風，會德裕民，蓬萊寶島」。

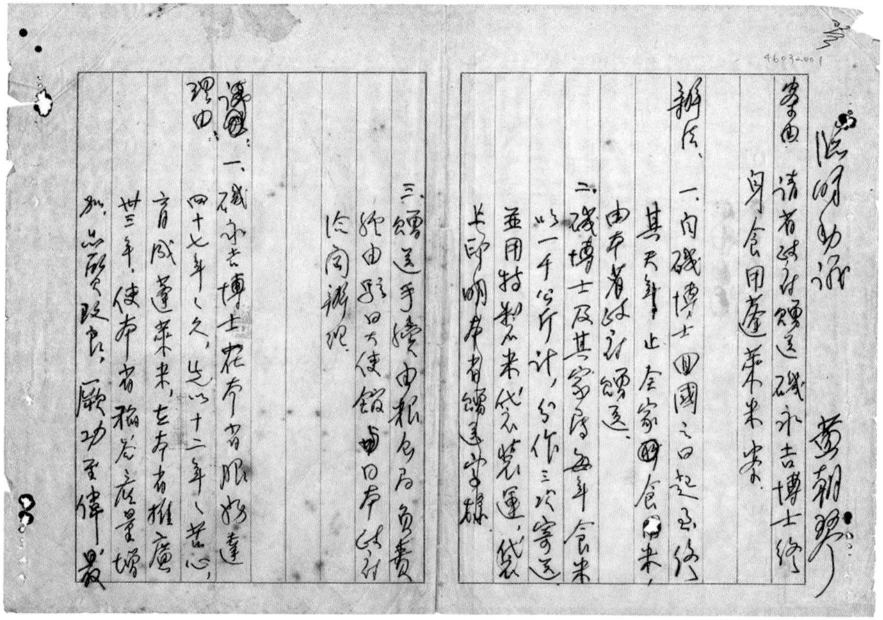
臨時動議　黃朝琴

案由：請省政府贈送磯永吉博士終身食用蓬萊米案。

辦法：一、由磯博士回國之日起至終其天年止全家所食白米，由本省政府贈送。
二、磯博士及其家屬每年食米以一千公斤計，分作三次寄送，並用特製米袋裝運，袋上印明本省贈送字樣。
三、贈送手續由糧食局負責經由駐日大使館向日本政府洽商辦理。

理由：一、磯永吉博士在本省服務達四十七年之久，先後十二年之苦心育成蓬萊米，在本省推廣卅三年，使本省稻谷產量增加，[illegible]政良，厥功至偉[illegible]

▲ 民國四十六年時任議長的黃朝琴親筆起草，於臺灣省臨時議會提案「贈送磯永吉博士終身食用蓬萊米」。

磯永吉不僅是一位勤勉踏實的學者，更是為人謙虛、寬厚的紳士。對於蓬萊米的研發，他曾在演講中提及，蓬萊米培育的成功，是大家努力的結果，不僅是他一個人的功勞。此外，就在他返回日本的當年，臺灣省臨時議會提案通過「贈送磯永吉博士終身食用蓬萊米」。

在感謝議會的信函中，他特別提及若能有些許貢獻也是各方協助，更是自己應該做的職責。返回日本後，磯永吉特別記載他的在臺回憶錄，寫成《蓬萊米談話》一書，留下歷史紀錄。

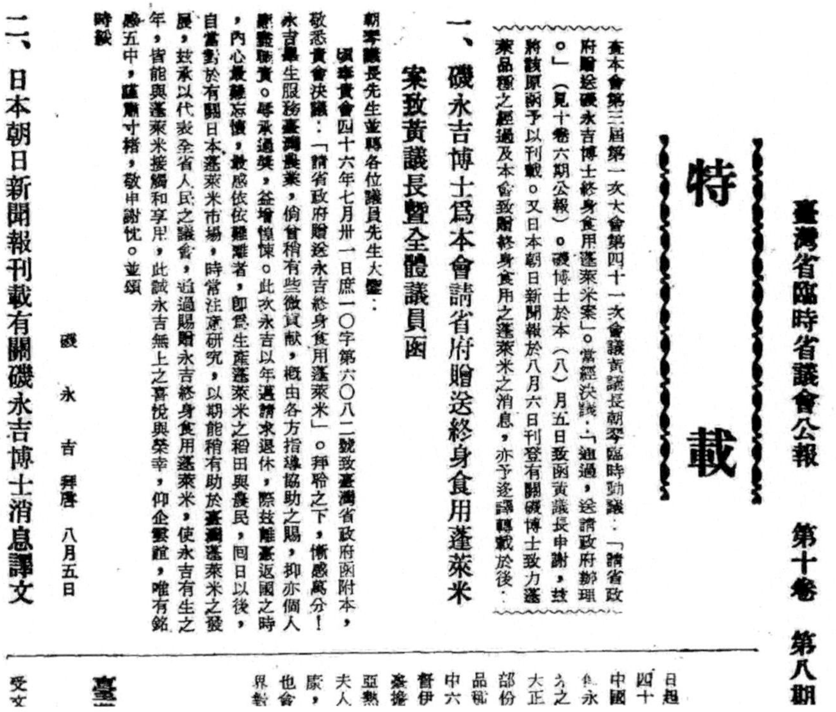

臺灣省臨時省議會公報　第十卷　第八期

特載

查本會第三屆第一次大會第四十一次會議黃議長朝琴臨時動議：「請省政府贈送磯永吉博士終身食用蓬萊米案」。當經決議：「通過，送請政府辦理。」（見十卷六期公報）。磯博士於本（八）月五日致函黃議長申謝，茲將該原函予以刊載。又日本朝日新聞報於八月六日刊登有關磯博士致力蓬萊品種之經過及本會致贈終身食用之蓬萊米之消息，亦予逐譯轉載於後：

一、磯永吉博士為本會請省府贈送終身食用蓬萊米案致黃議長暨全體議員函

朝琴議長先生並轉各位議員先生大鑒：

頃奉貴會四十六年七月卅一日庶一〇字第六〇八二號致臺灣省政府函附本，敬悉貴會決議：「請省政府贈送永吉終身食用蓬萊米」。拜聆之下，慚感萬分！永吉畢生服務臺灣農業，倘曾稍有些微貢獻，概由各方指導協助之賜，抑亦個人厥盡職責。辱承過獎，益增惶悚。此次永吉以年邁請求退休，際茲離臺返國之時，內心最難忘懷，最感依依難離者，即為生產蓬萊米之稻田與農民，回日以後，自當對於有關日本蓬萊米市場，時常注意研究，以期能稍有助於臺灣蓬萊米之發展，茲承以代表全省人民之議會，通過賜贈永吉終身食用蓬萊米，使永吉有生之年，皆能與蓬萊米接觸和享用，此誠永吉無上之喜悅與榮幸，仰企雲誼，唯有銘感五中，謹肅寸牘，敬申謝忱。並頌

時綏

磯　永　吉　拜啓　八月五日

二、日本朝日新聞報刊載有關磯永吉博士消息譯文

日超　四十　中國　[illegible]永　[illegible]之　大正　部份　品種　中六　督伊　秦推　亞熱　夫人　康，　也會　界對　臺　受文

▲ 民國四十六年的《臺灣省臨時議會公報》，刊載磯永吉對受贈終身食用蓬萊米的感謝函。

受到西方生活習慣的影響，現在人們對於米飯的需求不若以往，但是相信當電鍋掀開時，那陣撲鼻而來的米飯香，仍是令多數臺灣人垂涎。而讀完磯永吉，咀嚼口中的米飯，似乎更黏、更Q、更香。

走訪磯永吉

在臺灣大學農業試驗場，有一幢被暱稱「磯小屋」的建物，爲建於一九二五年的檜木日式建築，也就是當年磯永吉工作與進行種子研究之處。在喧囂的臺北市區，此處卻綠意幽幽，更能緬懷磯永吉當年辛勤工作的身影。

破繭新女性

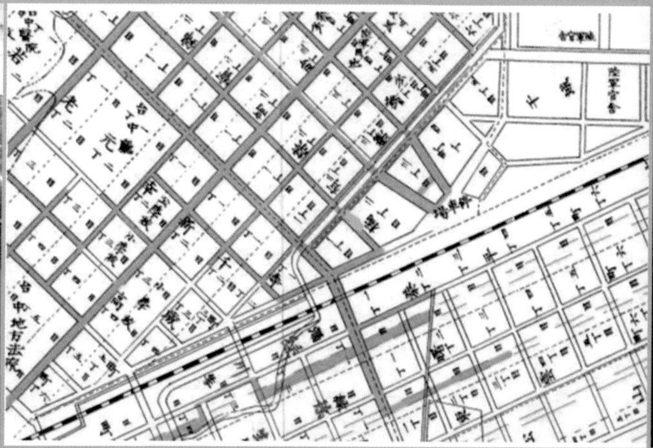

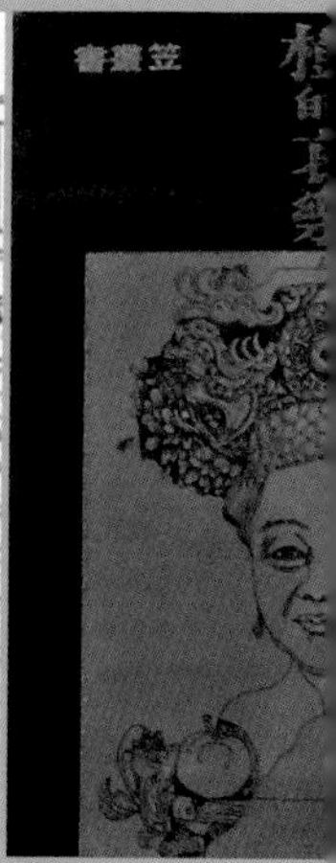

謝雪紅與階級革命

在臺灣很少有女性像謝雪紅一生經歷了三個不同的政權與時代，分別是日治時期、國民政府時期與中共政權。相同的是，他們都給了她許多的壓迫，尤其是一位女性在面臨這樣的桎梏，想要破繭而出，那巨大的代價令人難以承受。

日治時期是謝雪紅出生與成長的年代。謝雪紅本名謝阿女，明治三十四年（西元一九〇一年）出生在彰化，幼時家中非常貧窮，十一歲父母相繼過世，淪為童養媳。孩提時代嘗盡悲慘遭遇，或許也因此培養了她不輕易向命運低頭的個性。

▲ 謝雪紅攝於她所經營的三美堂商店前。
（筆者翻攝）

十七歲的時候謝雪紅被納為妾，跟隨先生先後到過神戶、青島，經歷當時的五四運動，促使她邁開新女性的獨立步伐——改名為謝雪紅、學會騎腳踏車擁有自主行動能力、學習新式裁縫、開了一家洋服店「嫩葉屋」……，也因此認識了中部許多仕紳賢達，加入「文化協會」。

大正十二年（民國十二年，西元一九二三年），她又被先生帶到上海，認識了幾位信仰共產主義的臺灣青年，也是正式接觸共產思想的開端。兩年後她進入上海大學，因表現優異，被中國共產黨挑選至莫斯科東方大學就讀。昭和三年（民國十八年，西元一九二八年）二月初又回到上海，四月跟其他志同道合的臺灣青年舉行臺灣共產黨的建黨大會。

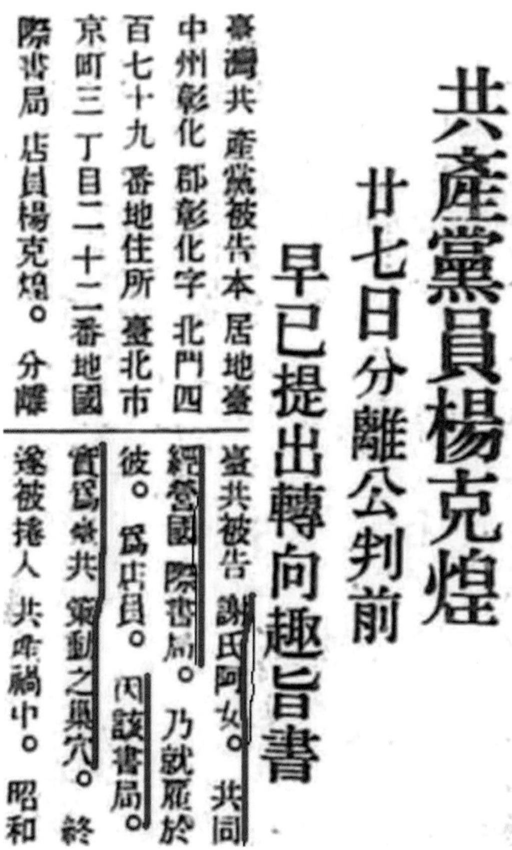

共產黨員楊克煌

廿七日分離公判前

早已提出轉向趣旨書

臺灣共產黨被告本居地臺中州彰化郡彰化字北門四百七十九番地住所臺北市京町三丁目二十二番地國際書局店員楊克煌。分離

臺共被告謝氏阿女。共同經營國際書局。乃就雇於彼。爲店員。因該書局實爲臺共策動之巢穴。終遂被捲入共產禍中。昭和

▲ 刊載於《臺灣日日新報》關於楊克煌和謝雪紅的報導，指出國際書局是作為共產活動的掩護。

日本警方早就對他們緊迫盯人，謝雪紅很快被遣送回臺灣。在臺北大稻埕開了一家國際書局，做為其進行活動的基地，此後她也和楊克煌成為終身的革命夥伴。昭和三年，她在所謂的「臺共大檢肅」中，被日本警察逮捕，在獄中服刑九年。出獄後的謝雪紅沉潛了一段時間，但是卻仍然心繫社會運動。

▲ 在國際書局前和友人合影的謝雪紅（右一）。　（筆者翻攝）

▲ 任職於中共高層時期的謝雪紅。（筆者翻攝）

國民政府時期是謝雪紅茁壯與獨立的年代。她創立「人民協會」的大本營，就在臺中的大華酒家（臺中公園對面，現在已改建），對陳儀政府監督與抨擊。二二八事件中，她被推選為臺中市民大會的主席，決議成立二七部隊，但是最後仍然不敵蔣中正派來的援軍。

中共時期是謝雪紅衝突與落幕的年代。民國三十六年她逃到香港，正式加入中國共產黨，發起臺灣民主自治同盟，並且擔任主席，也進入中共高層擔任過不少要務。

但是在幾波整肅運動中，謝雪紅也被冠上「反黨、反社會主義」的罪名，讓她身心俱疲。

民國五十九年十一月五日，因為肺癌病逝於北京。

出身貧寒，終生為被統治階級、弱勢族群挺身而出，但是卻不容於她所處的每個時代與社會，特別是她回歸到終生追求共產理想的國度，心中有許多的矛盾，但是她卻塑造了為理想而奮不顧身的臺灣女性典範。

走訪謝雪紅

位在臺中放送局附近的「梅鏡堂」，據傳是謝雪紅在脫離養女生涯的暫居處與二二八事件後的棲身地。「梅鏡堂」是一九二○年代臺灣文化協會幹部鄭松筠律師的故居，興建於日治昭和十一年（民國二十五年，西元一九三六年）的「梅鏡堂」，在結構上爲傳統閩南式三合院建築，但是卻運用了不少西式建築的裝飾語彙，即將被指定爲歷史建築。

第一位女醫師蔡阿信

在「女子無才便是德」的傳統社會，「女醫師」卻是非常稀少。而臺灣第一位女醫師，則是出現在日治時期的大正十年（民國十年，西元一九二一年）。那年一位叫做蔡阿信的女醫師從日本學成回國，臺灣的醫學界開始不再由男性壟斷。

蔡阿信出生於日治時期明治三十二年（西元一八九九年），那是一個西方許多新觀念開始進入臺灣的年代。但是儘管如此，要突破傳統守舊思想，特別是在華人的社會中，女性想要在各方面和男性一樣擁有平等待遇，更是困難，但是蔡阿信似乎天生就有比一般人更加堅持的毅力。

▲《向夢想前進的女孩》是一本關於蔡阿信的繪本故事。（筆者翻攝）

蔡阿信五歲的時候，因為生父去世，母親把她送給一位牧師當作童養媳。但是她卻先後兩次從領養人位在大龍峒的住處，偷偷溜回在萬華的家中。

由於親眼看到繼父死於肺結核，她從小就立志學醫，八歲時就讀大稻埕公學校（即現在的臺北市大同區太平國小），在日治初期，女生在學校中可說是鳳毛麟角。儘管後來從中學到醫學院，都是進入女子專門學校就讀，但在以男生為主的學校環境中，蔡阿信仍飽受被排擠和異樣眼光，但她卻憑藉一股不服輸的精神，完成醫學的專業學習。

▲ 蔡阿信十二歲進入馬偕創立的臺灣第一所女子中學「淡水女學校」就讀。

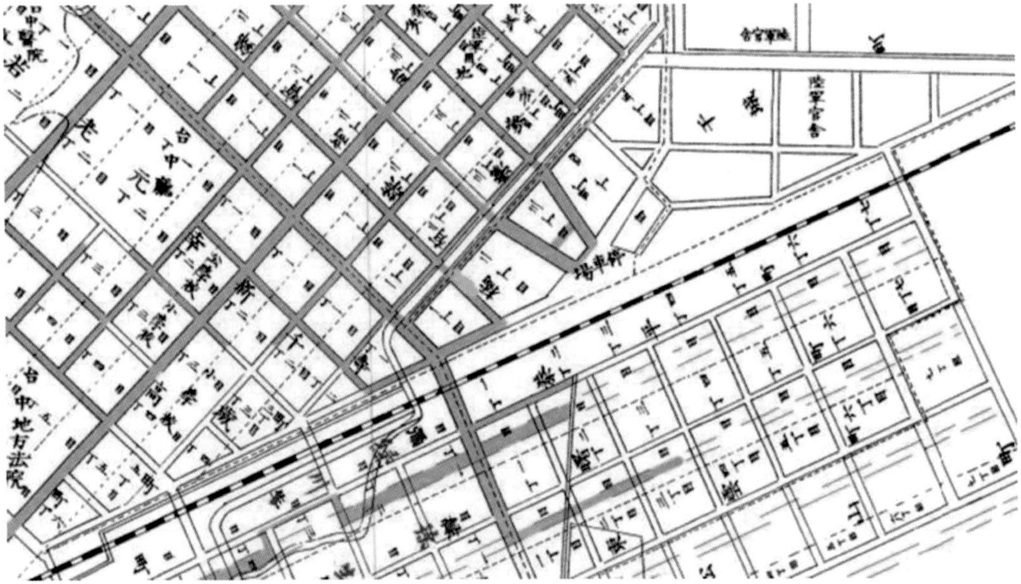

▲ 上圖中綠色標示處，應該就是日治時期清信醫院的位置。

大正十年自日本東京學成歸國，蔡阿信先在臺北開業，昭和元年（民國十五年，西元一九三六年）則到臺中開設清信醫院。她的醫術高明，在林獻堂的《灌園日記》中曾經記載，家中一女眷高燒不退，其他醫師診治後仍不見起色，最後請來蔡阿信，才診斷出是輸卵管發炎。

在醫學上，蔡阿信還有一項非常重要的貢獻，那就是開設了「清信產婆學校」。在那樣一個婦產科醫院不是很普及的年代，據說當時臺中地區半數以上的嬰兒，都是由從「清信產婆學校」結業的產婆所接生，也因此有人稱蔡阿信為「臺中之母」。

在婚姻方面，大正十三年（民國十三年，西元一九二四年）她跟在日本留學時認識的彭華英結婚。在「男主外女主內」的舊社會，彭在醫院中

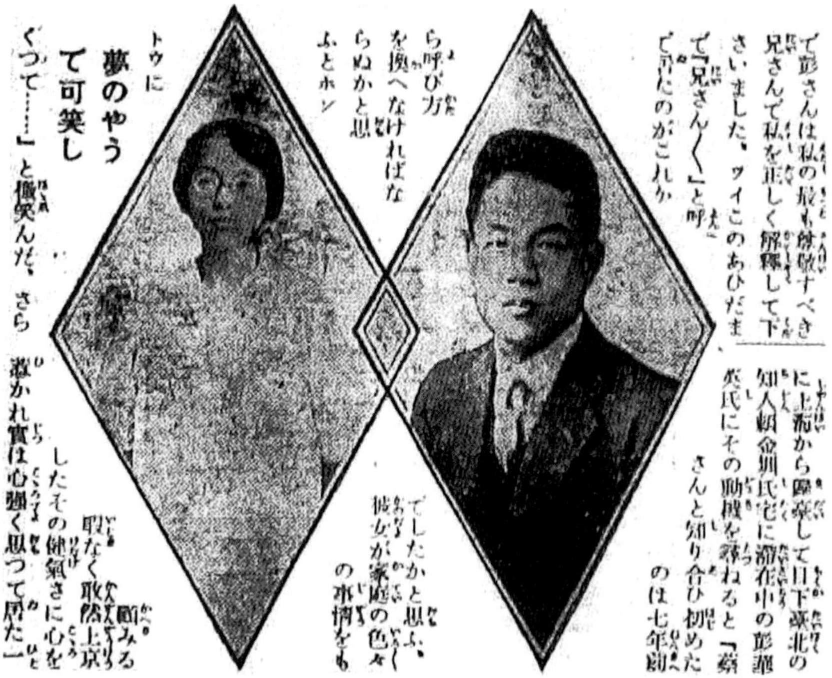

で彭さんは私の最も尊敬すべき兄さんで私を正しく解釋して下さいました、ツイこのあひだまで『兄さん／＼』と呼んだのがこれから呼び方を換へなければならぬかと思ふとホントゥに夢のやうて可笑しくつて……』と微笑んだ、さら

に上海から歸臺して目下臺北の知人賴金圳氏宅に滯在中の彭華英氏にその動機を尋ねると『蔡さんと知り合ひ初めたのは七年前でしたかと思ふ、彼女が家庭の色々の事情をも顧みる暇なく敢然上京したその健氣さに心を奪かれ實は心强く思つて居た一

▲ 大正十三年十一月六日的《臺灣日日新報》用「才子佳人」為主題，報導蔡阿信與彭華英這樁婚姻。

卻只是協助的角色，加上彭從事反日運動，時常遭日本警察關切，逐漸造成夫妻兩人關係的疏離。

由於日本政府的監視，她在日治昭和十四年（民國二十九年，西元一九四〇年），先到日本再前往美國求學，後來輾轉流落到加拿大溫哥華當醫師。民國三十五年終於回到臺灣，但是二二八事件發生後，蔡阿信對國民政府感到失望，民國三十八年和英裔牧師吉普生結婚。雖然取得英國籍，但政府逼迫她低價賣掉清信醫院，遂於民國四十二年便再度離開臺灣，和夫婿到加拿大定居。

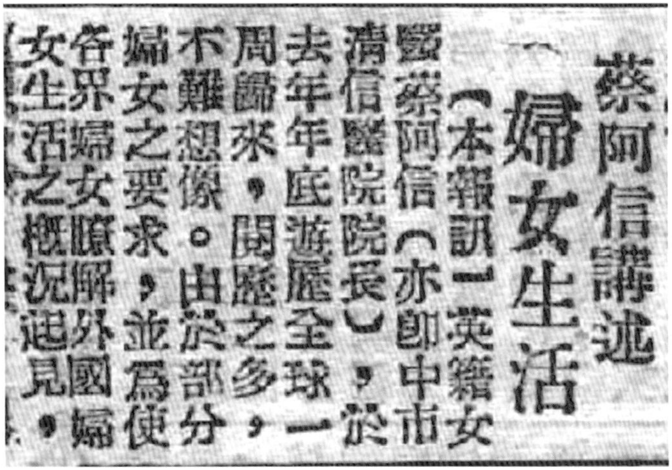

蔡阿信講述
婦女生活

（本報訊）英籍女醫蔡阿信（亦即中市清信醫院院長），於去年年底遊歷全球，一周歸來，閱歷之多，不難想像。由於部分婦女之要求，並為使各界婦女瞭解外國婦女生活之概況起見，

▲ 蔡阿信也熱衷女權運動，曾經參與奔走成立「臺中婦女親睦會」，圖為民國四十三年臺灣《民聲日報》刊載關於她講述外國婦女生活講座的報導。

民國五十六年丈夫去世，蔡阿信一人寡居，在自傳中常提到獨居的苦悶。民國六十九年她回到臺灣，捐出畢生積蓄於民國七十一年成立「至誠社會服務基金會」，以寡婦作為優先服務對象。

民國七十五年蔡阿信辭世，但是已經樹立臺灣女性在醫學界的新形象。

臺灣第一位女詩人陳秀喜

形如搖籃的華麗島
是母親的另一個
永恆的懷抱
傲骨的祖先們
正視著我們的腳步
搖籃曲的歌詞是
他們再三的叮嚀
稻　草
榕　樹
香　蕉
玉蘭花……

這是被稱爲「臺灣第一位女詩人陳秀喜」的新詩——〈臺灣〉的部分詩句，這首詩後來被梁景峰改編，李雙澤編曲改名爲〈美麗島〉，甚至被喻爲「眞正的」臺灣的國歌。

▲ 陳秀喜畫像。　（筆者翻攝）

讀了這首詩，不只是迷人的文字，詩中還有對臺灣深摯的情感以及獨到的認知，以及一種女性獨有的觀察與隱喻。或許你也會和筆者一樣，馬上會想到是不是因為生活的多元體驗和生命的接續考驗，淬鍊了陳秀喜寫詩的筆？就讓我們一起來讀一讀她的故事吧！

陳秀喜出生在新竹，三個月大就成為養女，在過去的社會，養女應該就註定淪為苦命的角色，但是她的養父母卻對她疼愛有加，還讓她接受教育。然而，結婚後，用「坎坷」來形容陳秀喜的生平一點都不為過，或許兒時安全豐足的成長，提供她這株從牆壁縫隙中努力尋找生命出口植物充足的養分。

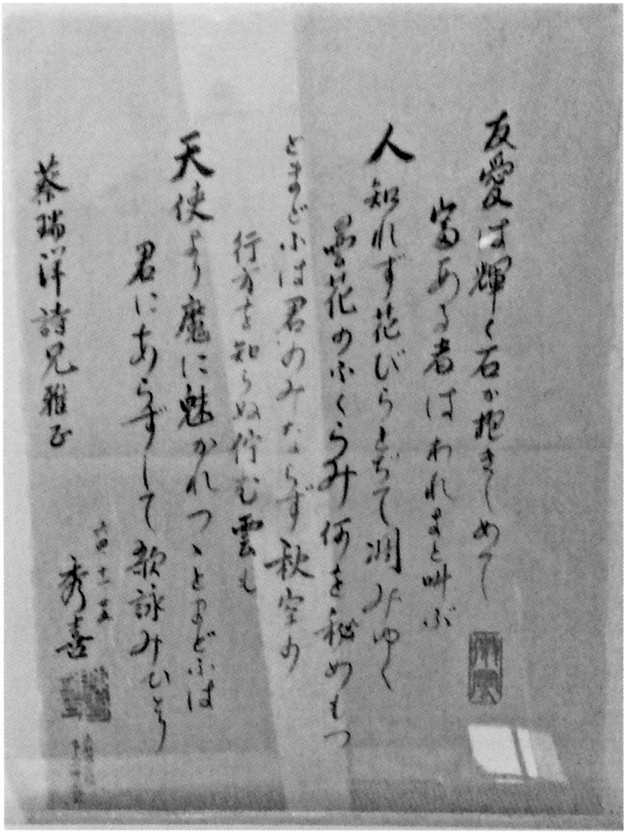

▲ 陳秀喜端秀又流暢的筆跡。（筆者翻攝）

結婚後，陳秀喜跟著夫婿到上海，在那個舊時代，她飽嘗了婆婆對媳婦的欺虐，丈夫更是沉溺於外面的花花世界，也讓她的人生從此陷入黑暗之中，甚至曾經以輕生來結束其所面對的不堪。五十七歲那年，她因丈夫外遇訴請離婚，之後搬到關子嶺居住，這是生命中很久不曾有過的一小段自在時光。不久後迫於經濟壓力而再婚，但很快又再次離婚，兩段婚姻也重創了她的身心。

民國三十五年回到臺灣後，陳秀喜從注音符號的拼音開始學起，這是許多從小接受日本教育文學創作者的宿命，像是知名詩人陳千武也是戰後才努力學習中文。陳秀喜三十六歲才開始用中文寫詩，她曾經表示，「與其寫一千首日文詩，不如寫一首讓下一代兒女們能看懂之中文詩」。她的

▲ 陳秀喜的詩集——《樹的哀樂》。　（筆者翻攝）

▲ 笠社發行的《笠》雙月刊。（筆者翻攝）

第一本中文詩集到民國六十年才出版，足足等了二十五年之久。

也在這一年，她開始擔任「笠詩社」的社長，「笠詩社」的創辦人是陳千武、詹冰、林亨泰等人，是一個以強調本土做為創作題材的現代詩社。陳秀喜從民國六十年一直到去世，前後當了二十年的社長，這對當時仍舊以男性詩人為主導的臺灣詩界，實在是一件了不起的事。

她還曾與另外一位著名的女詩人吳燕生（祖父是吳鸞旂、父親吳子瑜），在民國六十五年代表我國出席於法國巴黎舉行的第三屆世界詩人大會，他們兩人是代表團三十六位成員中，僅有的兩位女詩人，陳秀喜也獲得大會頒發的特別獎；另外她的詩作〈我的筆〉，也曾在民國六十七年獲得美國全國詩人協會國際詩獎的第二名。

像是多數的詩人，陳秀喜的詩也吟詠風物，也描繪情感，但是批判舊日父權的壓迫、控訴異族統治的蠻橫，卻是她的特色，也是身為一位詩人非常可貴的地方。

國家圖書館出版品預行編目資料

老臺灣新人類／王派仁作．——二版．——臺北市：五南圖書出版股份有限公司，2023.01
面；　公分
ISBN 978-626-343-611-4（平裝）

1.臺灣史　2.生活史　3.通俗作品

733.21　　105018910

8V0D

老臺灣新人類 他們的故事　我們的生活

作　　者— 王派仁
發 行 人— 楊榮川
總 經 理— 楊士清
總 編 輯— 楊秀麗
副總編輯— 蘇美嬌
編　　輯— 邱紫綾　石曉蓉
封面設計— 陳翰陞
出 版 者— 五南圖書出版股份有限公司
地　　址：106台北市大安區和平東路二段339號4樓
電　　話：(02)2705-5066　　傳　　真：(02)2706-6100
網　　址：https://www.wunan.com.tw
電子郵件：wunan@wunan.com.tw
劃撥帳號：01068953
戶　　名：五南圖書出版股份有限公司

法律顧問　林勝安律師事務所　林勝安律師

出版日期　2016年12月初版一刷
　　　　　2023年 1 月二版一刷
定　　價　新臺幣300元